Dieses Buch gehört:

Name: ______________________________

E-Mail-Adresse: ______________________________

Telefonnummer: ______________________________

Falls Sie dieses Buch finden, bitte:

○ Lesen ○ Benutzen ○ Zurückgeben
○ Verkaufen ○ Verbrennen

Selbstporträt (mit geschlossenen Augen zeichnen)

Es ist so, wie es ist.

ICH IM HIER & JETZT

DAS KREATIVE ACHTSAMKEITSBUCH FÜR EIN ENTSPANNTES LEBEN

The Mindfulness Project

Aus dem Englischen übersetzt
von Marion Zerbst

Lotos

Inhaltsverzeichnis

Übungstabelle

Anleitung			
(S. 4) Seitenzahlen der Übungen, die du machen möchtest, umkringeln.			
(S. 4 durchgestrichen) Durchstreichen, wenn teilweise erledigt.		(S. 4 durchgekreuzt) Durchkreuzen, wenn ganz erledigt.	

Praktizieren

Damit es nicht langweilig wird …	28	Lass los!	90
Dankbarkeit von A bis Z	30	Lieblingszitat	101
Gute Nachrichten!	37	Wunder-Lieferkette	104
Finde deine Nische	48	Trophäenschrank	120
Spaß-Agenda	60	Ein Bedauern weniger	126
Säe eine Pflanze	72	Die ungeschminkte Wahrheit	128
Was mich glücklich macht	77	Haustierstein	134
Glückliche Gesichter	78	Spielerische Aufmerksamkeit	136
Alles ist vergänglich	80	Dankbarkeitsweckruf	146
Gedächtnisstütze	83	Wünsch dir was	151
Die Zeit ist jetzt	86	Immer schön locker bleiben!	158
Meditationslandkarte	88	Gruppenumarmung	162

Konzentrieren

Anker werfen	24	Sitz still	79
Verbinde die Punkte	42	Stillstehen	98
Handmeditation	44	Atmen und weben	108
Immer schön atmen	52	Vitalzeichen – Herzschlag	112
Handwaschmeditation	70	Atme die Welle	122
		Einfach ziellos umherschweifen	156

Hallo lieber Leser!

Egal, ob du bereits regelmäßig meditierst oder gerade zum ersten Mal von Achtsamkeit hörst – es gibt in jedem einzelnen Moment so viel mehr zu entdecken. In diesem Buch findest du Tipps und Anregungen, mit deren Hilfe du das Leben Augenblick für Augenblick mit einem ganz neuen Gefühl der Neugier erfahren und deine Erlebnisse auf kreative Weise dokumentieren kannst. Lass dich von diesem Buch (beg)leiten, während du das Leben durch die Linse der Achtsamkeit betrachtest.

Mit etwas Übung wirst du die Welt und deine inneren Erlebnisse vielleicht bald mit ganz anderen Augen betrachten. Womöglich erkennst du dann auch Muster, die dir bisher verborgen geblieben sind. Sei neugierig, hab Mut! Wende deine Aufmerksamkeit allem zu, was dir auf deinem Lebensweg begegnet – dem Guten ebenso wie dem Schlechten und dem Hässlichen. Lass dich von allem, was du erlebst, faszinieren und inspirieren. Wenn du auf dieser Reise bestimmte Eigenschaften entwickelst, kann selbst die kleinste Entdeckung dein Leben bereichern – mit tieferen Erkenntnissen, mehr Freude und einem neuen Sinn.

Es erwartet dich eine bunte Mischung von Übungen: Manche sind ein bisschen absurd, andere werden dich zu Tränen rühren, wieder andere sollen dir zu tieferer Selbsterkenntnis verhelfen. Am meisten kannst du von diesen Übungen profitieren, wenn du dich gleichzeitig durch regelmäßiges Meditieren in einer Haltung der Achtsamkeit übst und die Vordrucke hinten im Buch für Notizen benutzt.

Und nun leg los! Erfülle dieses Buch mit Leben. Schreib die Geschichte deiner Entdeckungsreise darin auf – und sei dabei stets offen, ehrlich und liebevoll. Leb im Hier und Jetzt!

:) The Mindfulness Project

Wie man mit diesem Buch arbeitet

Es gibt zwei wichtige Achtsamkeitspraktiken: regelmäßiges Meditieren und jene formlose Achtsamkeit, mit der wir unser gesamtes Alltagsleben erfüllen können. Dieses Buch ist dafür gemacht, dich in beide Formen der Achtsamkeit einzuführen: Du findest darin Meditationsanleitungen, aber auch viele andere Übungen, die dir die Praxis und den Sinn der Achtsamkeit im Alltag näherbringen werden.

Hier ein paar Anregungen für die Arbeit mit diesem Buch:

1. Im Einführungsteil erhältst du ein paar allgemeine Tipps und Verhaltensregeln.
2. Bei den anschließenden Übungen solltest du dich vor allem an den »Spielregeln für ein achtsames Leben« auf Seite 12 orientieren.
3. Du kannst die Übungen in beliebiger Reihenfolge machen.
4. Die Übungstabelle auf Seite vii bietet dir einen Überblick.
5. Pass die Übungen an deine persönlichen Bedürfnisse an.
6. Du kannst auch Übungen überspringen, mehrfach wiederholen oder an andere Menschen weitergeben.
7. Nutze die Audio-Meditationsanleitung auf Seite 18 und auf unserer Website.
8. Arbeite mit den Meditationsnotiz-Vordrucken hinten im Buch (ab Seite 167).

→

Entfalte mithilfe dieses Buches und einer achtsamen Lebenshaltung deine angeborene Kreativität und lass dich von jeder Sekunde deines Lebens inspirieren. Sei spielerisch, neugierig und unvoreingenommen! Auf den folgenden Seiten kannst du deine Entdeckungen so dokumentieren, wie deine Kreativität es dir eingibt. Es gibt weder richtige noch falsche Lösungen und viele verschiedene Möglichkeiten des Selbstausdrucks!

Hier ein paar Ideen dazu:

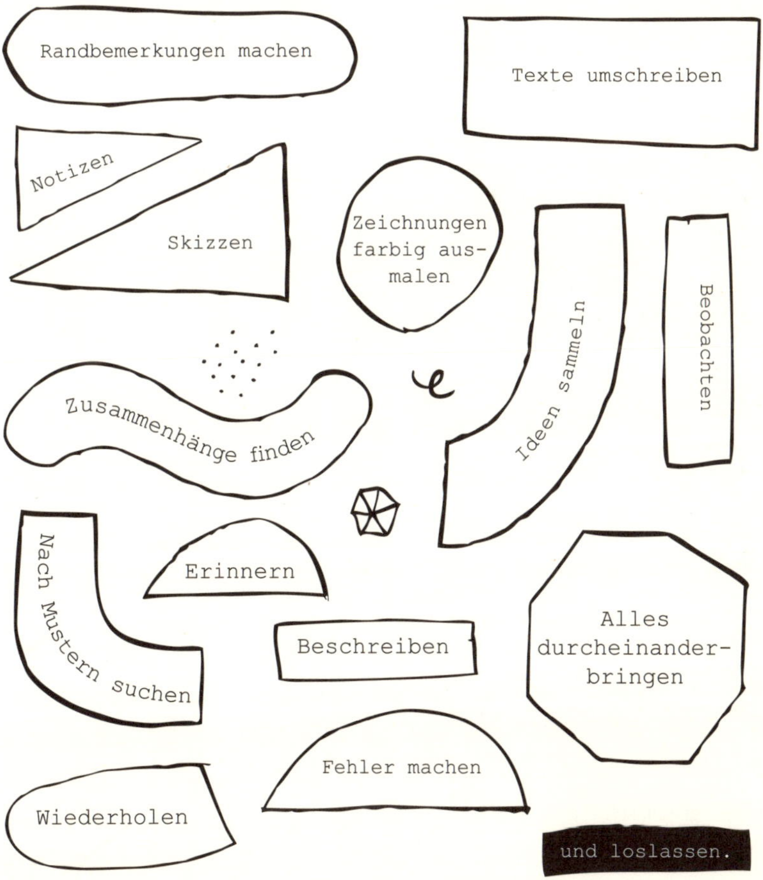

Was ist Achtsamkeit?

Unsere Definition:

Achtsamkeit ist eine einfache und sehr wirksame Methode, unsere Aufmerksamkeit zu trainieren. Einfach, weil man dabei nur wertfrei auf das Hier und Jetzt (Wahrnehmungen, Gedanken, Gefühle usw.) zu achten braucht. Wirksam, weil sie uns davon abbringt, unsere Gedanken in die Zukunft oder Vergangenheit abschweifen zu lassen. Denn das erzeugt – zusätzlich zu den ganz normalen Belastungen des Alltagslebens – oft noch mehr Stress.

Eine andere Definition:

»Achtsamkeit bedeutet einfach nur, wahrzunehmen, was jetzt gerade passiert, ohne sich etwas anderes zu wünschen; Angenehmes zu genießen, ohne sich daran zu klammern (denn es wird vorübergehen); und Unangenehmes auszuhalten, ohne zu fürchten, dass das Leben immer so sein wird (denn es wird sich wieder ändern).«

James Baraz

Deine Definition:

Jetzt oder später.

Eine Illustration?

Ein paar Worte?

Sinnsuche

G	Z	M	L	R	Y	A	K	Z	E	P	T	A	N	Z
Q	C	V	K	R	E	A	T	I	V	I	T	Ä	T	U
W	Y	E	Z	D	F	F	K	B	U	R	L	H	I	S
I	A	F	M	E	D	I	T	A	T	I	O	N	Z	A
S	T	Q	I	E	L	O	Z	K	M	P	W	S	T	M
T	X	Q	T	V	P	N	R	A	L	U	S	H	K	M
A	F	M	G	R	E	P	Q	I	I	G	P	K	W	E
S	T	R	E	S	S	R	E	D	U	K	T	I	O	N
I	X	Z	F	O	R	Ä	S	X	Z	F	G	Q	D	H
N	T	M	Ü	I	G	S	J	T	D	Z	B	D	K	A
N	Y	R	H	E	D	E	U	U	A	K	A	Z	R	N
L	K	T	L	Y	N	N	U	B	P	N	S	S	I	G
I	A	Z	O	R	Ü	Z	D	Z	E	C	D	Ö	D	Ä
C	R	N	A	D	S	S	T	X	Z	Y	H	E	Z	Z
H	M	I	M	P	A	Ö	W	E	R	T	F	R	E	I

In diesem Buchstabenfeld sind zehn wichtige Begriffe versteckt. Wie viele findest du?

AKZEPTANZ, MITGEFÜHL, ZUSAMMENHANG, KREATIVITÄT, MEDITATION, WERTFREI, PRÄSENZ, VERSTAND, SINNLICH, STRESSREDUKTION

Trag hier weitere positive Begriffe ein,
die in dem Buchstabenfeld nicht enthalten sind!

Die Zeitachse der modernen Achtsamkeit

Umkringle alles, was dir bekannt vorkommt.

Schreib dazu: Persönliche Rückzugsorte. Wann du zum ersten Mal meditiert hast. Wann du deine liebsten Meditationslehrer/-plätze kennengelernt hast. Welches Buch du sonst noch gelesen hast. Herausforderungen/Meilensteine. Selbstfindungsreisen. Deinen Geburtstag.

1975 – *Das Wunder der Achtsamkeit* von Thich Nhat Hanh

1976 – Eröffnung des Insight Meditation Society Retreat Center in Barre (Massachussetts)

1979 – Jon Kabat-Zinn begründet das achtsamkeitsbasierte Stressreduktionsprogramm (MBSR) an der University of Massachussetts

1982 – Erste empirische Studie zu MBSR bei chronischen Schmerzen

1985 – Fünf empirische Studien veröffentlicht

1987 – *Gesundheit ist lernbar* von Joan Borysenko

1989 – *Mindfulness* von Ellen Langer

1990 – *Gesund durch Meditation* von Jon Kabat-Zinn

1991–93 – Basketballtrainer Phil Jackson coacht die Chicago Bulls mithilfe von Achtsamkeit

1992

Dr. Richard Davidson u.a. Wissenschaftler treffen den Dalai Lama und betreiben erstmals Hirnforschung zum Thema Meditation

Zindel Segal, John Teasdale und Mark Williams beginnen mit Forschungsarbeiten zur Behandlung wiederkehrender Depressionen durch Achtsamkeit

Empirische Studie zu MBSR bei Ängsten

1993

Public-Broadcasting-Service-Feature mit Bill Moyers: »Healing and the Mind«

1994

Im Alltag Ruhe finden: Meditationen für ein gelassenes Leben von Jon Kabat-Zinn

1995

Lovingkindness von Sharon Salzberg

Forschungsarbeiten zu Achtsamkeit am Arbeitsplatz

1997

Jetzt! Die Kraft der Gegenwart von Eckhart Tolle

1998

Die Duke University begründet das Center for Integrative Medicine

Untersuchung zu Achtsamkeit bei Schuppenflechte veröffentlicht

2001

Das Gehirn des Mönchs Matthieu Ricard wird erstmals im Magnetresonanztomografen untersucht

Professor Mark Williams gründet das Centre for Mindfulness Research and Practice an der Universität Bangor

2003

Titelgeschichte »The Science of Meditation« in *Time Magazine*

Wissenschaftlicher Artikel zum Thema Achtsamkeit und Immunsystem

Radical Acceptance von Tara Brach

2004

Artikel über MBSR in *Newsweek*

2005

Die Vorträge und Meditationen von Tara Brach erscheinen im Internet (www.tarabrach.com)

Die Goldie Hawn Foundation startet das MindUp-Programm für Kinder

2006
- Das Center for Mindful Eating wird gegründet

2007
- Die Achtsamkeitsprogramme Mindfulness in Schools (Großbritannien) und Mindful Schools (USA) werden begründet
- Google startet das »Search Inside Yourself«-Glückscoachingprogramm

2008
- Das Oxford Mindfulness Centre wird gegründet

2009
- *Der achtsame Weg zum Selbstmitgefühl* von Christopher Germer
- Erste Wisdom-2.0-Konferenz
- Studie zum Thema Achtsamkeit und Altern

2010
- Gründung von Headspace (Handy-App dazu kommt 2012 auf den Markt)
- Artikel »A Wandering Mind is an Unhappy Mind« in *Science*

2011
- Beim Weltwirtschaftsforum in Davos wird erstmals über achtsames Führen diskutiert
- *Finding Peace in a Frantic World* von Mark Williams & Danny Penman

2012
- Dokumentarfilm »Room to Breathe«
- *A Mindful Nation* von US-Kongressmitglied Tim Ryan
- Start von The Mindfulness Project

2013
- Allein in diesem Jahr erscheinen 549 wissenschaftliche Artikel zum Thema Achtsamkeit
- *Sane New World* von Ruby Wax
- Die Zeitschrift *Mindful* wird begründet

2013

Wired-Magazine-Artikel »In Silicon Valley, Meditation is no Fad«

Arianna Huffington startet die Third-Metric-Initiative. Ihr Buch *Die Neuerfindung des Erfolgs* erscheint

2014

Titelgeschichte »The Mindful Revolution« in *Time Magazine*

Titelgeschichte »The Neuroscience of Meditation« in *Scientific American*

CBS-Feature »60-minutes« mit Anderson Cooper von CNN

10% Happier von ABC-News-Moderator Dan Harris

2015

Artikel »Mindfulness Can Literally Change Your Brain« im *Harvard Business Manager* erschienen

Parlamentarischer Bericht »Mindful Nation« erscheint in Großbritannien

Ich bin jetzt hier

Spielregeln für ein achtsames Leben

Mithilfe dieser Regeln kannst du Achtsamkeit praktizieren – nicht nur mit diesem Buch, sondern auch darüber hinaus. Dazu brauchst du dich nur in bestimmten Einstellungen oder Geisteshaltungen zu üben. Knick ein Eselsohr in die Seite und schlag sie immer wieder auf.*

1. Im Hier & Jetzt bleiben
Immer wenn deine Gedanken in die Vergangenheit oder Zukunft abschweifen, mach dir dies bewusst und lenk deine Aufmerksamkeit wieder auf den jetzigen Augenblick zurück. Konzentrier dich auf einen Ankerpunkt wie deine Atmung, einen Körperteil oder bestimmte Geräusche.

2. Nicht urteilen
Achte auf deine Gedanken und wie du unbewusst alles beurteilst. Versuch nicht, diese abzustellen oder dich dagegen zu wehren; nimm einfach nur wahr, wie du allem in Gedanken sofort ein Etikett aufdrückst.

3. Geduld
Die Erfahrung der Achtsamkeit entfaltet sich bei jedem Menschen anders. Lass diesem Prozess seinen Lauf! Hab Geduld mit jedem Augenblick – auch wenn er unangenehm ist und deine Gedanken am liebsten schon zum nächsten Moment vorauseilen würden. Und sei auch geduldig mit deinen abschweifenden Gedanken. Behandle sie wie einen Welpen, dem du das Sitzen beibringen möchtest.

4. Sei liebevoll zu dir selbst
Achtsamkeit bedeutet, auch schmerzhafte Gedanken und Gefühle bewusst wahrzunehmen. Hab in solchen Situationen Mitgefühl mit dir selbst – so wie du dich einem Freund, der gerade eine schwere Lebensphase durchmacht, liebevoll und hilfsbereit zuwenden würdest.

* umknicken

5. Jeder Tag ist ein neuer Tag

Manchmal glauben wir, schon alles erlebt zu haben und alles zu wissen, was wir wissen müssen. Man könnte es unsern »Besserwisser-Verstand« nennen. Versuch jeder Übung in diesem Buch (und jeder Sekunde deines Lebens) mit Neugier zu begegnen. Sei offen für neue Entdeckungen. Nur dann werden dir echte Überraschungen und Wunder begegnen!

6. Vertrauen

Vertrau auf deine eigene Weisheit und Intuition. Das bedeutet aber nicht, dass du dich immer auf deine Gedanken verlassen kannst! Wenn du achtsam bist, wirst du merken, dass Gedanken kommen, gehen und sich verändern.

7. Die Lösung für alles

Manchmal hoffen wir, dass Achtsamkeit unsere Probleme lösen wird oder dass wir uns dadurch ändern oder verbessern können. Doch dieser Wunsch nach Veränderung kann der Erfahrung wahrer Achtsamkeit im Weg stehen. Achtsamkeit bedeutet nicht, woanders oder jemand anders zu sein, sondern im Hier und Jetzt zu bleiben und es anzunehmen.

8. Akzeptanz

Akzeptier dein Leben so, wie es im Moment ist. Das bedeutet nicht, dass man es nicht ändern kann oder es sich nicht irgendwann von selbst ändern wird.

Schmerz x Sich-Wehren = Leiden

Schmerz = Schmerz

9. Loslassen

Versuch dich nicht an Gedanken, Ideen, Kontrolle oder den Wunsch nach einem bestimmten Zustand zu klammern. Wie fühlt dein Körper sich an, wenn du dich an etwas klammerst? Und was für ein Gefühl ist es, wenn du loslässt?

10. Vorsatz

Achtsamkeit ist mehr als nur Meditation. Wir können alle Aspekte unseres Lebens mit Achtsamkeit erfüllen. Nimm dir vor, Meditation und Achtsamkeit als Lebensweise bzw. Daseinsform zu praktizieren.

HINWEIS: Diese zehn Tipps wurden aus dem Buch *Gesund durch Meditation* von Jon Kabat-Zinn adaptiert.

Achtsamkeitsquiz

Trag für jede der unten stehenden Aussagen die zutreffende Punktzahl anhand einer Skala von 1 bis 5 ein.

1	2	3	4	5
Niemals	Selten	Manchmal	Oft	Immer

1. Wenn ich an einer Blume vorbeikomme, bleibe ich stehen, um daran zu riechen.	
2. Ich mache mir Sorgen über die Zukunft und/ oder bereue Dinge aus der Vergangenheit.	
3. Ich nehme mir Zeit, mein Essen richtig zu genießen.	
4. Ich hetze von einem Ort zum anderen, ohne meine Umgebung wahrzunehmen.	
5. Meine Gedanken schweifen ab, wenn andere Menschen etwas sagen.	
6. Ich achte darauf, was in meinem Körper passiert, wenn ich im Stress bin (z. B. Herzrasen, Muskelanspannung).	
7. Es fällt mir nicht schwer, einfach nur dazusitzen und einen Sonnenuntergang zu bewundern.	
8. Nach einem Streit denke ich darüber nach, was ich hätte sagen können, um zu beweisen, dass ich im Recht bin.	
9. Ich denke an etwas anderes, statt ein sinnliches Erlebnis (z. B. einen Kuss) zu genießen.	

10. Ich werde ungeduldig, wenn ich Schlange stehen, an einer Ampel oder auf einen Bus warten muss.	
11. Ich nehme mir Zeit, um dankbar für alles Positive in meinem Leben zu sein.	
12. Ich bin sehr streng mit mir, wenn ich etwas falsch gemacht habe.	
13. Ich versuche bei Problemen oder in unangenehmen Situationen an etwas anderes zu denken.	
14. Ich achte genau auf die Geräusche um mich herum: z. B. das Rauschen des Windes, vorbeifahrende Autos, das Plätschern des Regens.	
Summe der Antworten auf Frage 1, 3, 6, 7, 11, 14 =	
34 ADDIEREN =	
Die Summe der Antworten auf Frage 2, 4, 5, 8, 9, 10, 12, 13 davon ABZIEHEN =	
Gesamtpunktzahl =	

Auswertung

0–18: Anfänger. Deine Gedanken schweifen oft vom gegenwärtigen Augenblick ab. Weiter üben!

19–38: Ziemlich achtsam. In deinem Leben gibt es immer wieder Momente, in denen du total präsent bist. Weiter üben!

39–56: Fast schon erleuchtet. Weiter üben!

Wie man im Hier und Jetzt lebt

»Achtsamkeit bedeutet, auf eine bestimmte Weise aufmerksam zu sein: bewusst, wertfrei und im jetzigen Augenblick.«

Jon Kabat-Zinn

Ich bin im Hier und Jetzt …

… wenn ich auf meine Sinneswahrnehmungen achte und mich darauf konzentriere, wie mein Körper sich gerade anfühlt.

… wenn ich meine innere Welt in diesem Augenblick beobachte und ergründe, ohne sie abzulehnen oder ein Urteil darüber zu fällen.

… wenn ich auf eine bestimmte Wahrnehmung (z. B. meinen Atem) achte.

… wenn ich mich auf all die schönen Dinge in meinem Leben und auf das Glücksgefühl konzentriere, das sie mir schenken.

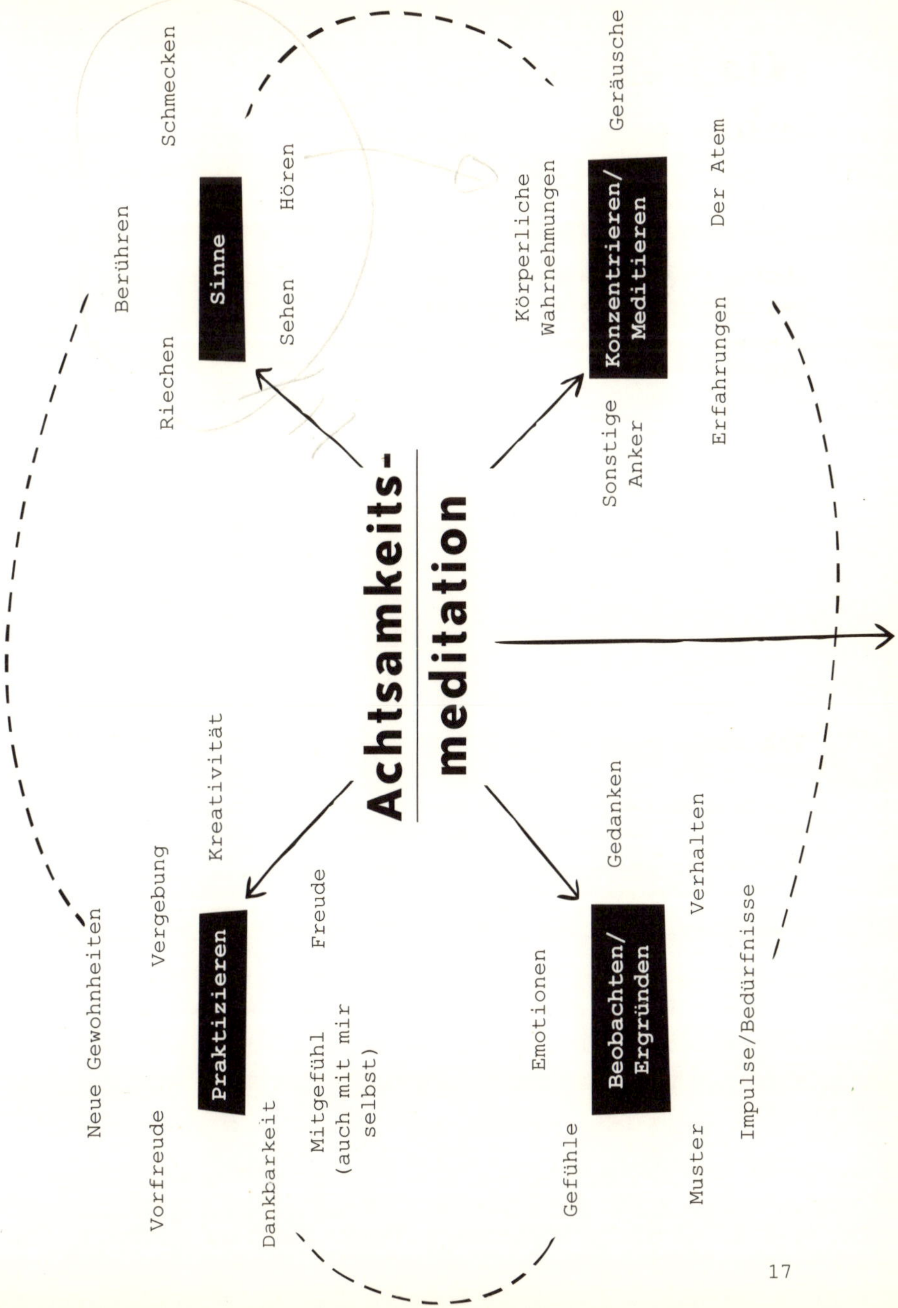

Achtsamkeits-
meditation
Sinne
Riechen
Berühren
Schmecken
Sehen
Hören
Konzentrieren/
Meditieren
Körperliche
Wahrnehmungen
Geräusche
Der Atem
Erfahrungen
Sonstige
Anker
Praktizieren
Neue Gewohnheiten
Vergebung
Kreativität
Freude
Vorfreude
Dankbarkeit
Mitgefühl
(auch mit mir
selbst)
Beobachten/
Ergründen
Emotionen
Gedanken
Verhalten
Gefühle
Muster
Impulse/Bedürfnisse

Meditation

Meditation trainiert den »Achtsamkeitsmuskel« unseres Gehirns, sodass wir mehr achtsame Momente erleben und alles, was uns begegnet, besser verkraften.

Eine 25-minütige geführte Meditation von Tara Brach auf Englisch findest du unter

iamherenow.com

Die Meditation besteht aus den unten stehenden Abschnitten.

Befolge die Anleitungen. Du kannst im Sitzen, Stehen oder Liegen meditieren. Empfehlungen zum richtigen Sitzen findest du auf Seite 168.

Lass es langsam angehen, aber übe täglich – jeden Tag ein bisschen mehr. Beachte dabei die Spielregeln für ein achtsames Leben (Seite 12).

0–5 Min.	Ankommen im eigenen Körper
5–10 Min.	Auf den Atem achten
10–15 Min.	Auf Geräusche achten
15–25 Min.	Körper, Atem, Geräusche & Gedanken einfach wahrnehmen

Halte deine Erlebnisse und Erkenntnisse auf den Notizseiten hinten im Buch fest.

10 Möglichkeiten, achtsamer durch den Tag zu gehen ...

Schneide oder reiß diese Seite heraus, häng sie an die Wand, steck sie in deinen Geldbeutel, kopiere sie für jemand anderen.

1. Meditiere – und wenn auch nur für ein paar Minuten.
2. Verlangsame dein Tempo. Achte auf deinen Körper und seine Wahrnehmungen.
3. Hadere nicht mit der Realität – sie ist so, wie sie ist.
4. Achte auf andere Menschen – vor allem auf diejenigen, die dich lieben.
5. Denk jeden Abend vor dem Schlafengehen an etwas, wofür du dankbar bist.
6. Geh liebevoll und nachsichtig mit dir um, auch wenn du etwas vermasselt hast.
7. Wenn dir etwas Gutes widerfährt, halte inne und achte darauf, wie sich das anfühlt.
8. Wenn dir etwas weniger Gutes widerfährt, halte inne. Achte darauf, wie sich das anfühlt.
9. Wenn du im Stress bist, atme dreimal tief durch.
10. Tritt mindestens einmal am Tag mit der Natur in Kontakt.

Übungen

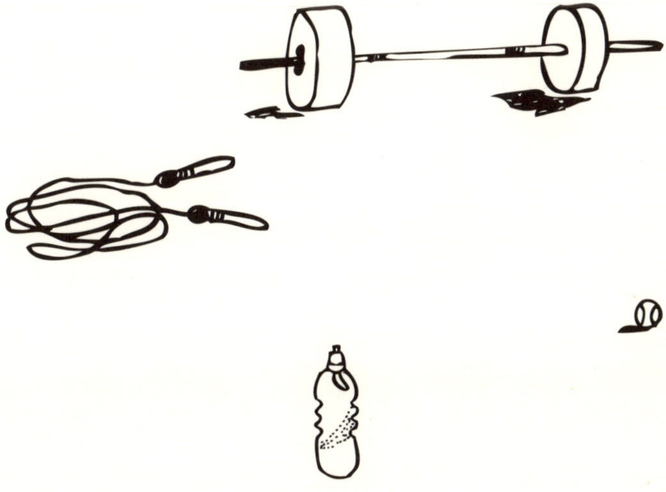

Gegenwarts-Cent

Leg ein Cent-Stück in die Mitte dieses Buches …

ins **JETZT**.

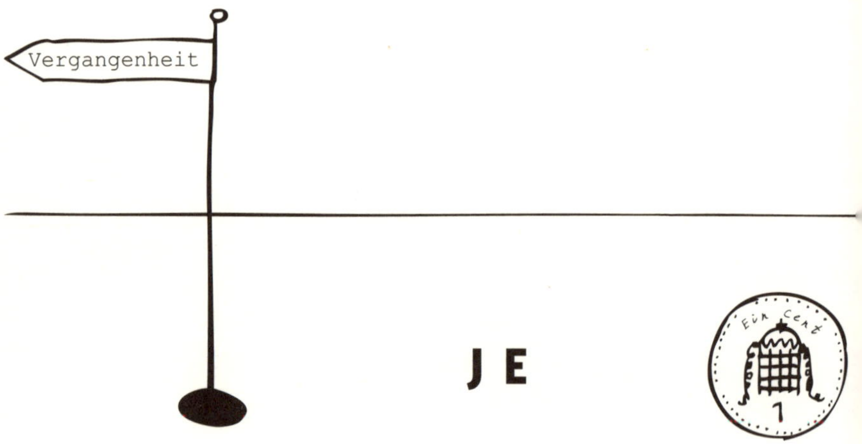

Nun versuch das Cent-Stück in die **VERGANGENHEIT** zu legen …

oder in die **ZUKUNFT**.

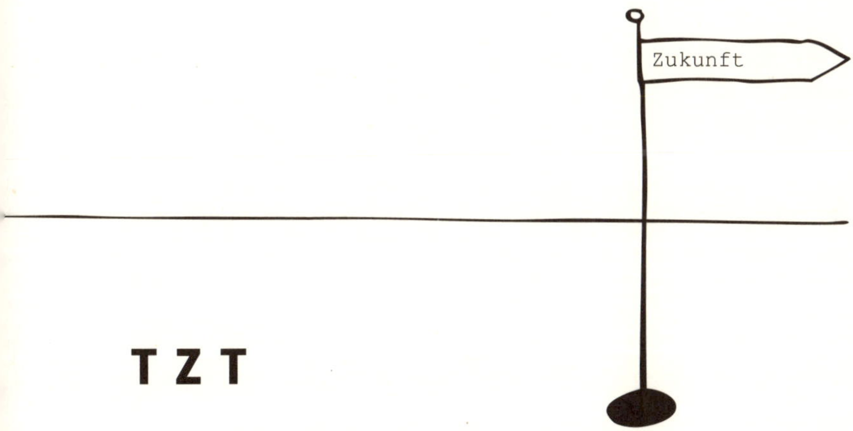

Lösung: Egal, wo du das Cent-Stück hinlegst – es befindet sich stets im Jetzt.

Anker werfen

Konzentrier dich eine Minute lang auf den Schnittpunkt des X. (Stell einen Wecker!)

Wenn deine Gedanken abschweifen, hol sie sanft wieder zurück.

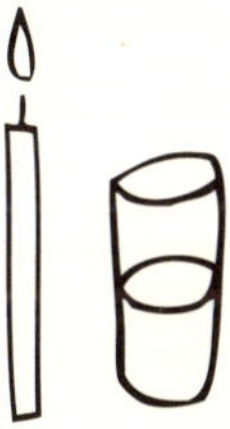

Beispiele

Übe mit anderen visuellen Ankern in deiner Umgebung weiter. Zeichne diese Anker hier ein und benutze die Seite als Erinnerungshilfe.

Vitalzeichen — Atmung

Atme mehrmals ganz normal ein und aus. Wo spürst du deinen Atem? Kreuze alle zutreffenden Stellen an:

- ☐ Brustkorb
- ☐ Bauch
- ☐ Rücken
- ☐ Nase
- ☐ Mund
- ☐ Hals
- ☐ Andere Stellen: ______________________

Wo verändert sich die Länge deiner Atemzüge? (Markiere die Stellen mit einem Pfeil.)

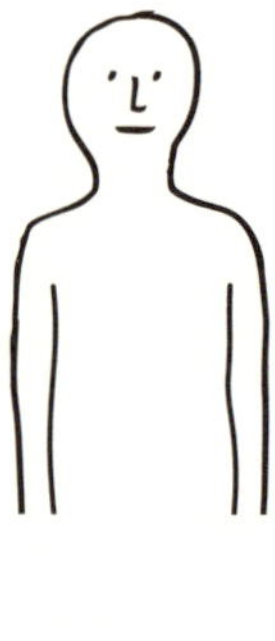

Kurz

Mittellang

Lang

Wenn man nervös oder angespannt ist, atmet man oft nur in den oberen Brustkorb hinein.

Indem wir auf unsere Atemzüge achten, verankern wir uns im jetzigen Augenblick. Dieser Ankerpunkt geht uns nie verloren. Immer wenn unsere Aufmerksamkeit in die Vergangenheit oder Zukunft abschweift, können wir sie wieder auf unsere Atmung richten.

Damit es nicht langweilig wird ...

Hier ein paar Möglichkeiten, Abwechslung in deinen Tagesablauf zu bringen. Vervollständige die Liste:

- Trag deine Armbanduhr am anderen Handgelenk
- Nimm einen anderen Weg zur Arbeit
- Iss zu einer anderen Uhrzeit zu Mittag
- Putz dir die Zähne mit der linken statt mit der rechten Hand
- Lies zur Abwechslung mal eine andere Zeitung
- Schlaf auf der anderen Seite des Bettes
-
-
-
-
-
-

Wähl eine dieser Varianten aus und teste sie!

»Die kleinen Dinge? Die kleinen Momente? Sie sind nicht klein.«

Jon Kabat-Zinn

Dankbarkeit von A bis Z

Schreib auf, wofür du dankbar bist.

Lass dich von den Buchstaben inspirieren …

M N O P Q R S T U V W X Y Z

Schau mal!

Die Muster auf dieser und der gegenüberliegenden Seite sind fast identisch. Man muss schon genau hinsehen, um die Unterschiede zu erkennen.

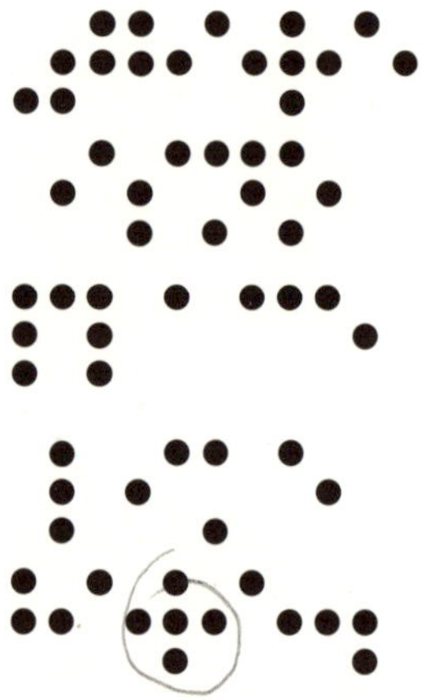

Welche Gedanken oder Gefühle steigen dabei in dir auf?

○ Langeweile ○ Ungeduld ○ Ärger ○ Vergnügen

○ Angst, etwas zu übersehen ○ Sonstige: Neugier

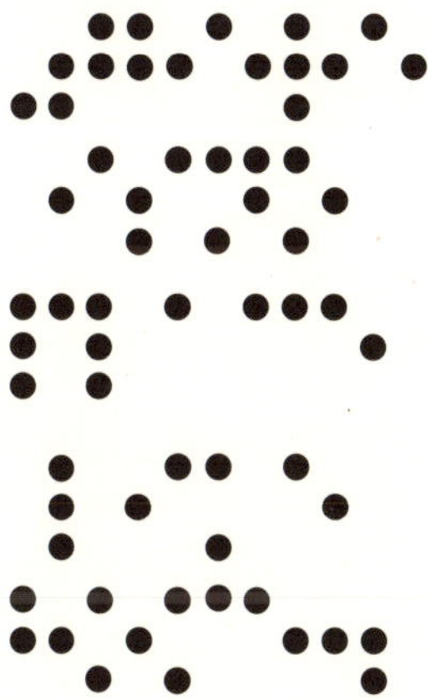

Notizen:

Extra-Punkte: Es handelt sich um Blindenschrift.
Kannst du die Worte entziffern?

Wolkengedanken

Gedanken kommen und gehen wie Wolken am Himmel. Manche sind wichtig, andere weniger wichtig, manche unzusammenhängend, andere klar umrissen – rund oder oval. Vielleicht ist es auch eine Regenwolke …

Zeichne noch mehr Wolken und schreib deine Gedanken hinein. Beobachte, wie die Wolken am blauen Himmel deines Geistes vorüberziehen.

SCHILDKRÖTE MIT
RÄDERN ALS ERSATZ
FÜR VERLETZTE
VORDERBEINE!

91-JÄHRIGE
FRAU BRICHT
MARATHONREKORD!

Gute Nachrichten!

Trag hier positive Schlagzeilen aus den Nachrichten zusammen. Schneide sie aus und kleb sie auf diese Seite oder schreib sie in deinen Lieblingsfarben ab.

Teil diese guten Nachrichten auch anderen Menschen mit!

Eiswürfelmeditation

Halte einen Eiswürfel in der Hand, bis er schmilzt. Lass das Wasser einfach auf deinen Schoß, den Tisch oder diese Seiten tropfen. Beobachte, welche Sinneseindrücke, unangenehmen Gefühle, Gedanken und Emotionen dabei in dir aufsteigen. Schreib sie auf.

Unbehagen (0–10):
Hat es sich im Lauf
der Zeit verändert?

Sinneswahrnehmungen
(Brennen, Kälte,
Frieren usw.):

Impulse:

Emotionen:

Gedanken:

Schneide diese Seite aus.
Mal sie bunt an und benutze sie als Lesezeichen für dieses oder ein anderes Buch.

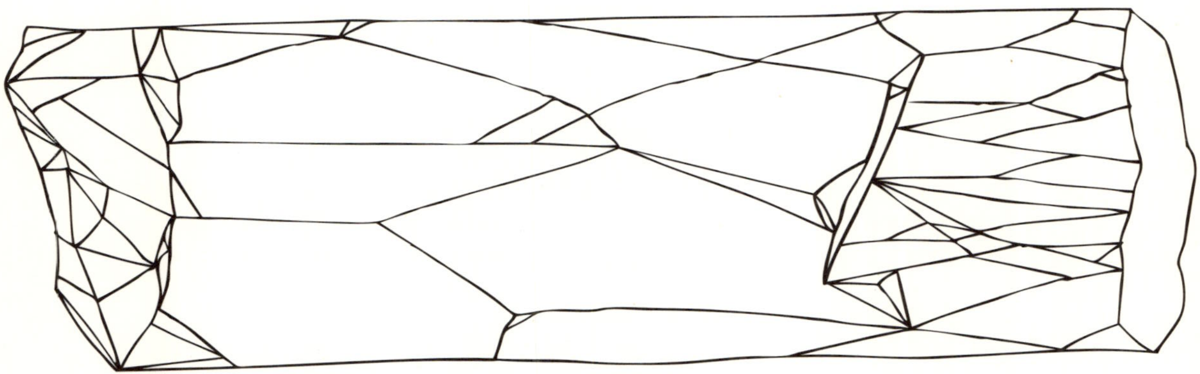

»In diesem wahllosen, niemals endenden Strom des Lebens gibt es unendlich viele Möglichkeiten. Nur eine davon bringt Glück: das zu lieben, was ist.«

Dorothy Hunt

Zähl dich nach Hause

Zähl alles, was dir auf deinem Heimweg begegnet.

Hier ein paar Anregungen. Probiere sie der Reihe nach aus:

Wie viele sind es?

____ Hunde oder Katzen

____ Vorbeifahrende Autos

____ Bäume am Straßenrand

____ Risse im Straßenpflaster

____ Deine Schritte

____ Menschen in der Bahn oder im Bus

____

____

____

____

____

____

»Sieh dich um mit allen deinen Augen!
Sieh dich um!«

Jules Verne, *Der Kurier des Zaren*

Verbinde die Punkte

Verbinde die unten stehenden Punkte langsam miteinander.
Eine Linie pro Atemzug.

**»Nur der Tag dämmert herauf,
für den wir wach sind.«**

Henry David Thoreau

Handmeditation

Fahr den Umriss deiner
linken Hand mit einem
Stift nach.

Leg beide Hände auf diese Seiten. Schließ deine Augen. Wie fühlt sich die Berührung deiner Haut auf dem Papier an? Oder der Widerstand des Buches, das sich schließen möchte? Spürst du den Rhythmus deines Pulses oder das Kribbeln in deinen Fingerspitzen?

Fahr den Umriss deiner
rechten Hand mit einem
Stift nach.

Wiederhole diese Übung, so oft du möchtest.

Ozean der Gefühle

»Unsere Gedanken sind die Winde, und unsere Emotionen sind das Wasser … Wenn man einer Emotion ihren Lauf lässt, klingt sie nach etwa anderthalb Minuten ab. Was erhält sie länger aufrecht? … Die Winde unserer Gedanken.«

Tara Brach

Welche Gedanken wühlen die Wellen deiner Emotionen auf?
Halte diese Gedanken hier fest.

Finde deine Nische

Überleg, was du brauchst, um den optimalen Meditationsplatz in deiner Wohnung zu schaffen.

Mach dir einen Plan → Schreib eine Liste → Setz den Plan um!

Ideen

Mögliche Meditationsorte: Wohnzimmer, Schlafzimmerecke …

Komfort: Kissen, Stuhl, Decke, Kopfkissen, Teppich, Matte …

Zubehör: Wecker, Glocken, Notizbuch …

Inspiration: Pflanze, Stein, Vase, Kerzen …

Notizen:

Skizze:

PS: Warte nicht auf die idealen Voraussetzungen zum Meditieren!

Geräuschkulisse

Hör drei Minuten lang auf die Geräusche in deiner Umgebung. Sei wie ein Mikrofon und nimm die Klänge und deren Schwingungen einfach in dich auf. Achte darauf, was du hörst und aus welcher Richtung die Geräusche kommen.

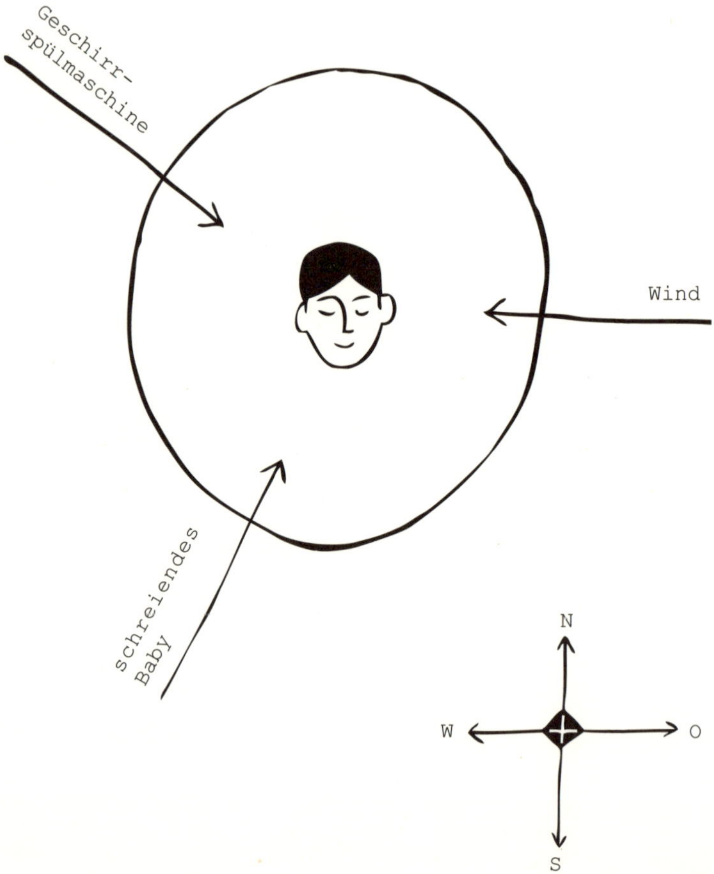

Mach diese Übung an verschiedenen Orten (z. B. zu Hause oder bei der Arbeit, in Bus oder Bahn, im Park, Supermarkt, Flugzeug oder beim Zahnarzt …)

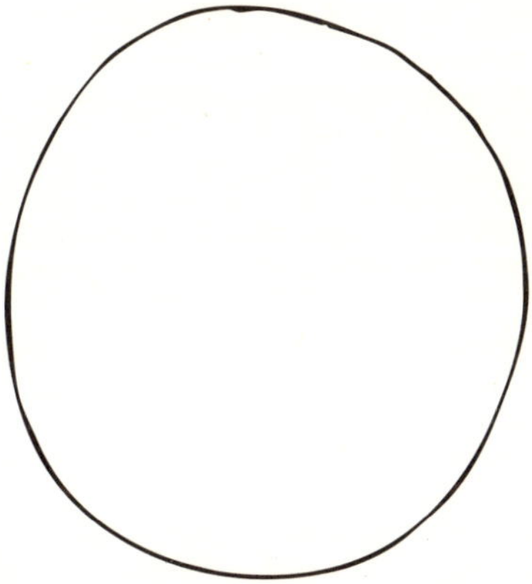

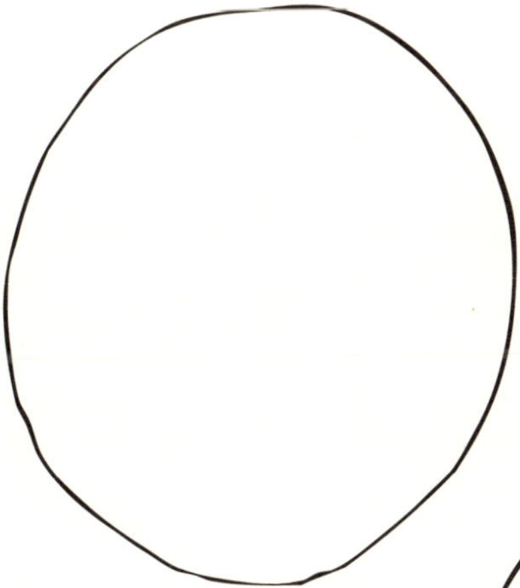

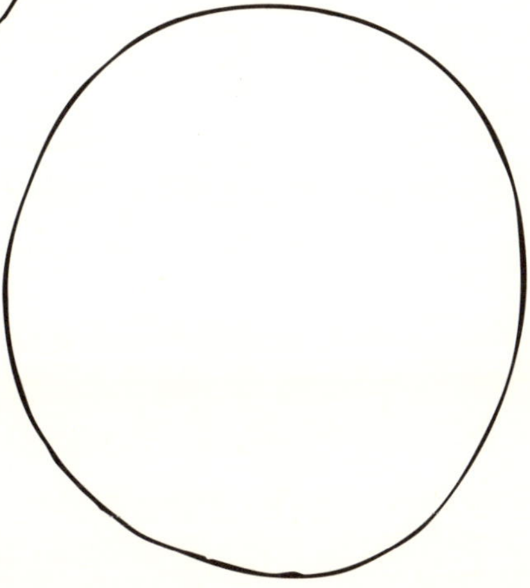

Immer schön atmen

Zieh bei jedem Einatmen
und jedem Ausatmen
eine Linie
in einer anderen Richtung,
ohne den Bleistift abzusetzen.

Achte darauf, wann dein Atem flacher wird.
Folge dem Rhythmus deiner Atemzüge mit dem
Stift – nicht umgekehrt!

→ Wiederhole diese Übung öfters und verwende jedes Mal einen andersfarbigen Stift. Mach daraus ein modernes Kunstwerk, indem du die Zwischenräume zwischen den Linien bunt ausmalst.

Notizen:

____

____

____

____

Mit freundlichen ...

1	Unterschreib hier 10-mal ganz normal:

2	Unterschreib wieder 10-mal (und zwar jedes Mal etwas anders):

... Grüßen

3	Unterschreib wieder 10-mal normal:

Achte darauf ...

1. ... wie du in der ersten Spalte ganz automatisch deine Unterschrift wiederholen konntest.

2. Erfordert es mehr Aufmerksamkeit, jedes Mal etwas anders zu unterschreiben?

3. Unterscheiden sich die ersten Unterschriften in Spalte 3 von deiner normalen Unterschrift? Manchmal verändert sich unser Muster, wenn wir einen Automatismus auch nur für kurze Zeit durchbrechen.

Adaptiert aus: Pavel Somov, *Present Perfect* (2010)

Wutseite

Kasten für aggressive
Kritzeleien

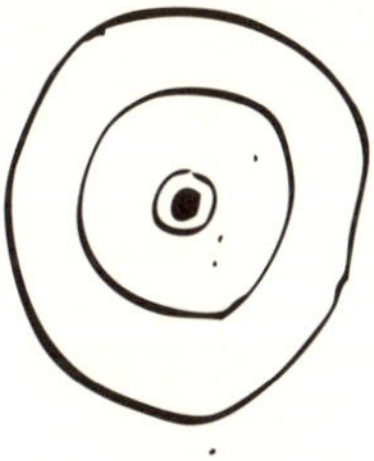

Hier mit
dem Bleistift
zustechen

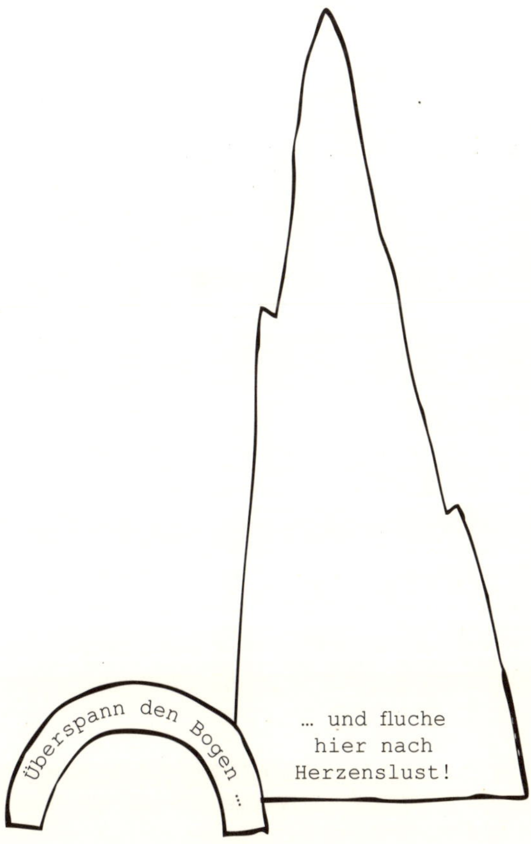

Anti-Aging-Meditation

Schließ deine Augen und konzentrier dich auf den Bereich um deine Augen. Achte auf die Muskeln in deinem Kiefer, rund um den Mund und auf der Stirn. Atme mehrmals tief ein. Spürst du irgendwo Verspannungen? Locker die angespannten Muskeln beim Ausatmen.

Am besten dreimal täglich üben!

Wenn du das nächste Mal __________ bist, schreib auf, an welcher Stelle dein Gesicht sich dabei anspannt.

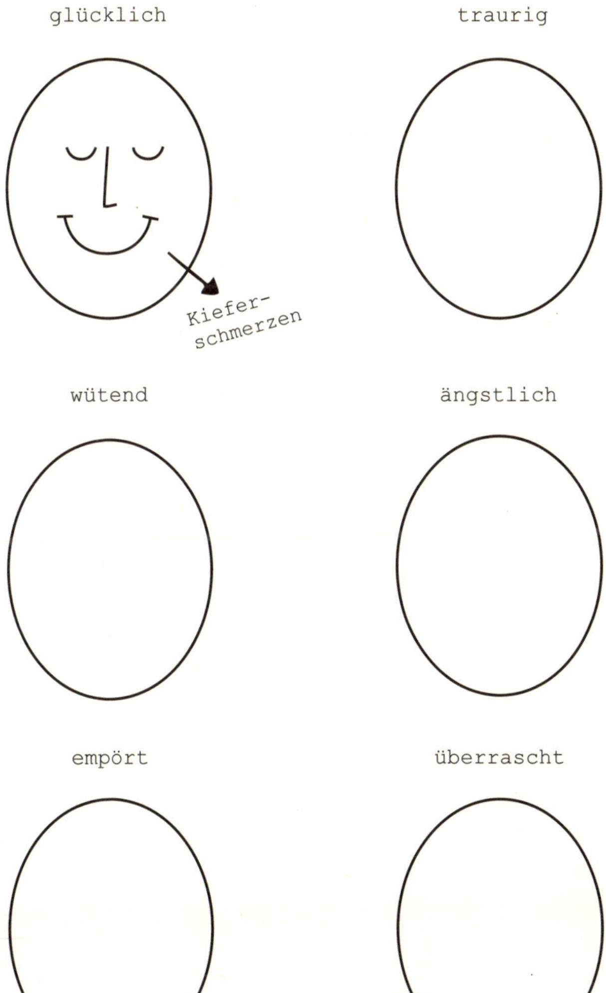

Spaß-Agenda

Vorfreude: Das ist die Freude, mit der man einem zukünftigen positiven Ereignis entgegensieht. Obwohl man dabei eigentlich an die Zukunft denkt, kann man trotzdem auf die Gefühle achten, welche die Vorfreude in diesem Augenblick erzeugt.

Wo spürst du Vorfreude in deinem Körper?

- Als Flattern in der Magengrube, ☐
- leichter, beschwingter Schritt, ☐
- flacher Atem, ☐
- Kribbeln in den Armen … ☐

Vorfreuden-Punkteskala:

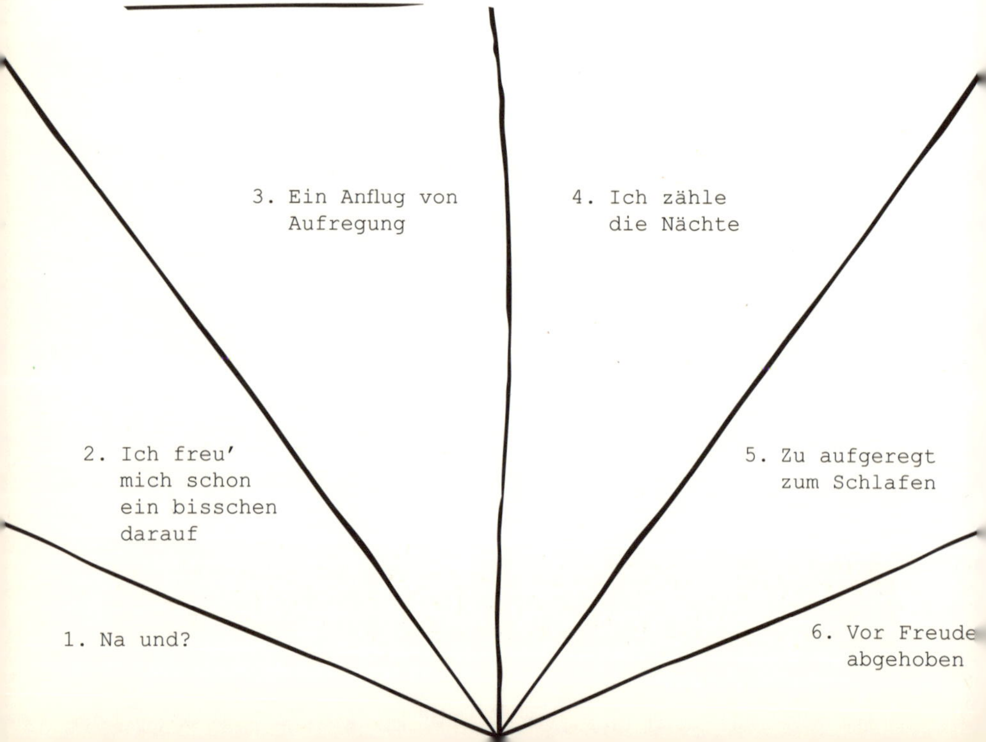

Schreib in die unten stehenden Kästen Vorhaben, auf die du dich freust. Bewerte sie anhand der Vorfreuden-Punkteskala.

Datum: *14.08.2016*

Vorfreudenskala: *5*

Fahre zum

Musikfestival

Datum: ____________

Vorfreudenskala: ___

Datum: ____________

Vorfreudenskala: ___

Datum: ____________

Vorfreudenskala: ___

Datum: *13.09.2016*

Vorfreudenskala: *4*

An diesem

Wochenende kommt

mein Bruder

Wenn alle Kästen beschriftet sind, schreib neue Zukunftspläne auf Post-it-Zettel und kleb diese hier ein!

Querdenken

Verbinde alle neun Punkte durch nur **vier gerade Linien** miteinander, ohne den Bleistift abzusetzen und ohne eine Linie zweimal nachzufahren.

Ist dir dabei einer der folgenden Gedanken gekommen?

»Oh, das kenn' ich.«

»Für so was hab' ich keine Geduld!«

»Das ist so offensichtlich.«

»So etwas konnte ich noch nie gut.«

»Das habe ich schon mal probiert und total versagt.«

»Damit vergeude ich meine Zeit nicht.«

»Die Übung mach' ich später.«

»Ich schau' einfach hinten bei den Lösungen nach.«

Egal, was du denkst – such 5 Minuten lang nach der Lösung, sofern du sie noch nicht kennst.

Dann schlag auf Seite 148 nach.

Blume

Kauf oder pflück eine Blume.
Betrachte sie mit offenen Augen.
Beschnuppere sie mit geschlossenen Augen.
Betaste sie mit geschlossenen Augen.
Visualisiere sie mit geschlossenen Augen.
Zeichne sie mit offenen Augen.

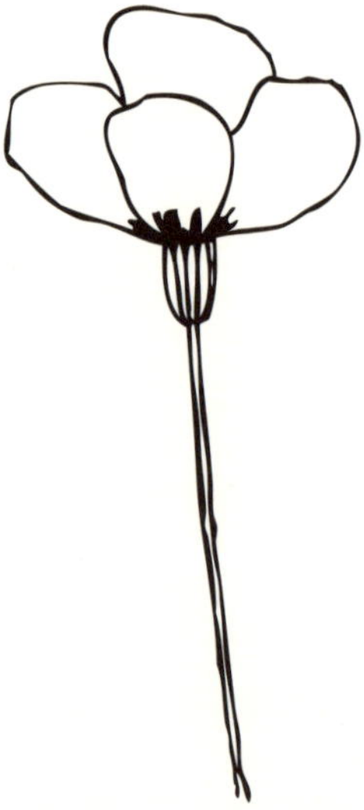

Starte mit deiner Blume hier

PS: Und nun stell die Blume ins Wasser und freu dich so lange daran, bis sie verwelkt ist. Dann zeichne sie noch einmal.

Gefühlskörper

Wir erleben Gefühle nicht nur im Kopf, sondern auch im Körper. Bemale, bekritzle und kommentier die Körperabbildungen auf diesen Seiten, um zu reflektieren, wie du die jeweiligen Emotionen in deinem Körper spürst.

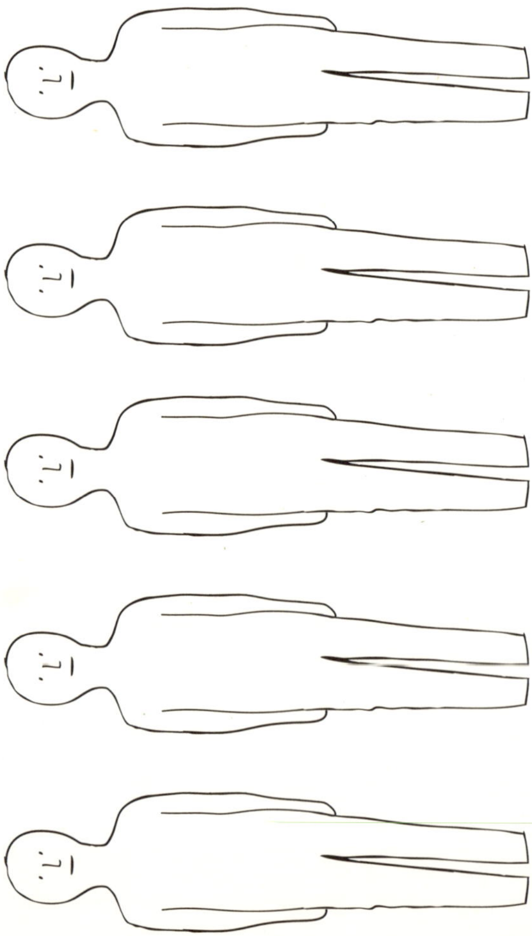

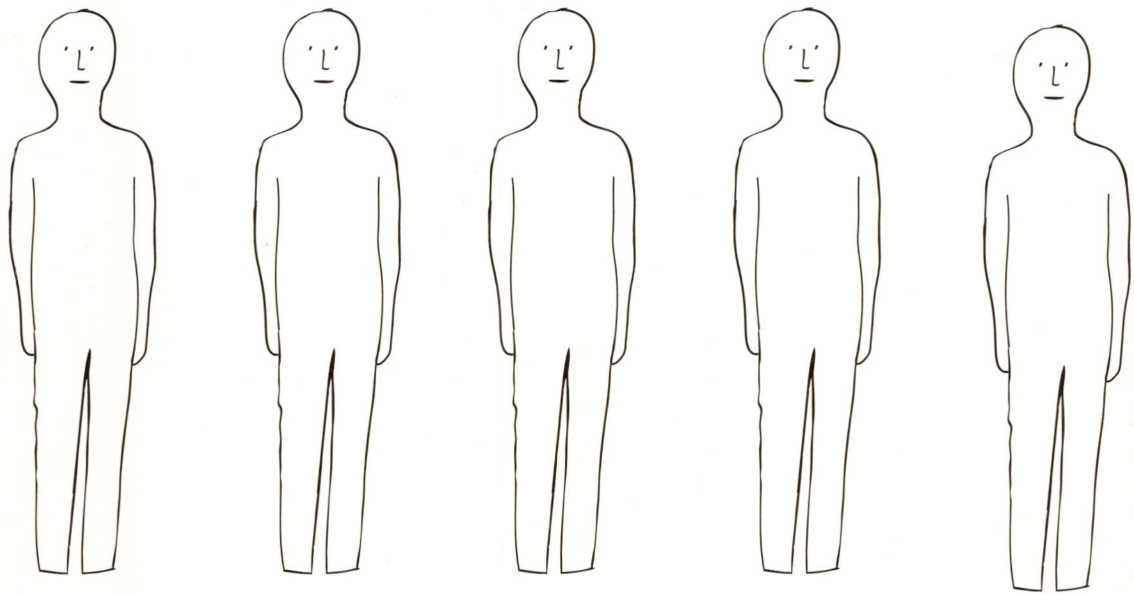

Wut Akzeptanz Vorfreude Schuldgefühl Besorgnis

Himmel oder Hölle

»Die Gedanken sind eine Welt für sich, in der die Hölle zum Himmel und der Himmel zur Hölle werden kann.«

John Milton,
Das verlorene Paradies

Himmel in der Hölle

Höllische Situation: | Himmlische Gedanken:

Hölle im Himmel

Himmlische Situation: | Höllische Gedanken:

Handwaschmeditation

Dreh den Wasserhahn auf und stell die Temperatur so ein, dass sie genau richtig ist …

Nimm die Seife in die Hand und seife los …

Spüre, wie deine Finger sich ineinander verschränken und aneinander reiben …

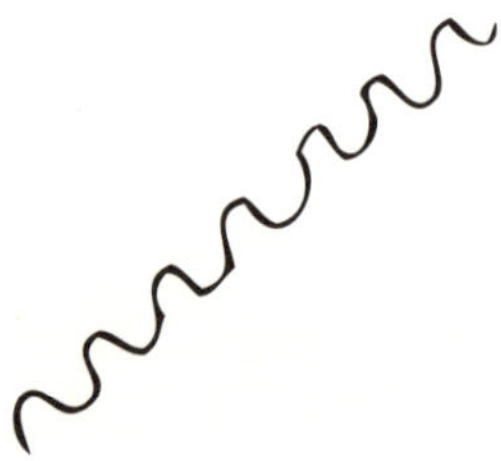

Nimm den Duft der Seife in dich auf und beobachte, wie der Schaum langsam abläuft …

Trockne deine Hände gründlich ab …

Spüre das warme, frische Gefühl in den Fingerspitzen.

Mach weiter mit deinem
Tagesablauf.

Säe eine Pflanze

Leg ein Samenkorn in die Erde (oder kauf eine kleine Pflanze). Gib der Pflanze einen Namen. Gieß sie jeden Tag und beobachte sie genau. Zeichne sie, um ihre Veränderungen festzuhalten. Erinnere dich mit einem Notizzettel daran, einmal pro Woche eine Skizze der Pflanze anzufertigen.

Mein Name:

Woche 1

Woche 2

Woche 3

Woche 4

Woche 5

Woche 6

Gestreift oder gepunktet?

Trag heute zwei verschiedenfarbige Socken.

ODER

Zieh dein T-Shirt
verkehrt herum an.

Fällt das jemandem auf?

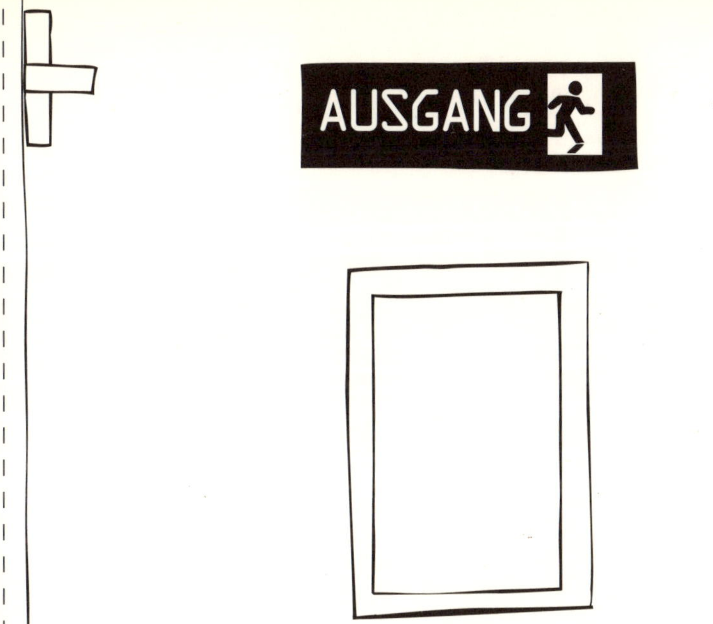

Benutze ihn,
wenn du ihn brauchst.

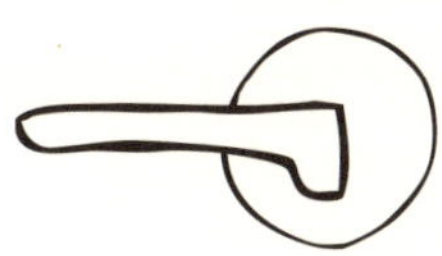

Notausgang

1. Hör kurz auf mit dem, was du gerade machst.
2. Atme 3-mal bewusst ein und aus.
3. Frag dich: Was passiert gerade … in meinem Körper … meinen Gedanken … meinen Gefühlen?
4. Registriere dein Erlebnis in diesem Moment mit liebevoller Aufmerksamkeit.
5. Atme und mach weiter, womit du aufgehört hattest.

Reiß diese Seite heraus und trag sie immer bei dir.

Was mich glücklich macht

Erstell eine Liste von Kleinigkeiten, bei denen dir das Herz aufgeht. Zum Beispiel:

- In Gummistiefeln durch Pfützen zu waten
- Zu glauben, dass man aufstehen und zur Arbeit gehen muss (aber dann fällt einem ein, dass man heute ja frei hat!)
- Den Sitzplatz jemandem anzubieten, der ihn dringend braucht
- Der längste Tag des Sommers
- Lagerfeuer
- Eine Katze in der Sonne liegen zu sehen
- Ein Frühlingsmorgen, an dem die Sonne durch das junge Laub der Bäume scheint und die Vögel zwitschern

1. ______________________________
2. ______________________________
3. ______________________________
4. ______________________________
5. ______________________________
6. ______________________________
7. ____________________
8. ____________________
9. ____________________
10. ____________________

Glückliche Gesichter

Menschen, Haustiere, wilde Tiere, Gebäude, Autos, Geräte, Zeitschriften, Bäume … Halte überall Ausschau nach lächelnden Gesichtern und zeichne diese hier ein.

Wenn du einmal traurig bist, schlag diese Seite auf und lächele mit!

Sitz … still

Sitz 15 Minuten lang ruhig da.
Die einzige Anweisung lautet: Tu gar nichts!

Absoluter Horror

Wie unangenehm war das für dich auf einer Skala von 1 bis 100?

Null Problemo!

Schockierende Fakten:

Wissenschaftler der Universität Virginia haben festgestellt, dass manche Menschen sich lieber schmerzhafte Elektroschocks verabreichen würden, als eine Viertelstunde lang ruhig dazusitzen und einfach nur ihren Gedanken nachzuhängen.

Alles ist vergänglich

Erstell hier eine Liste FRÜHERER Sorgen, Freuden, Schwierigkeiten und Erfolgserlebnisse.

Erstell hier eine Liste JETZIGER Sorgen, Freuden, Schwierigkeiten und Erfolgserlebnisse.

Bitte umblättern

Nichts ist endgültig.
Mach einfach weiter

Gedächtnisstütze

Schneide den Erinnerungszettel rechts unten aus und mal ihn bunt an. Steck ihn in deinen Geldbeutel, leg ihn auf deinen Schreibtisch oder neben dein Bett. Halte den Zettel vor dich hin und mach Fotos, auf denen er im Vordergrund ist. Teile diese Schnappschüsse des Hier und Jetzt mit anderen Menschen.

Und vor allem: Übe, im Hier und Jetzt zu bleiben!

Bin ich jetzt hier?

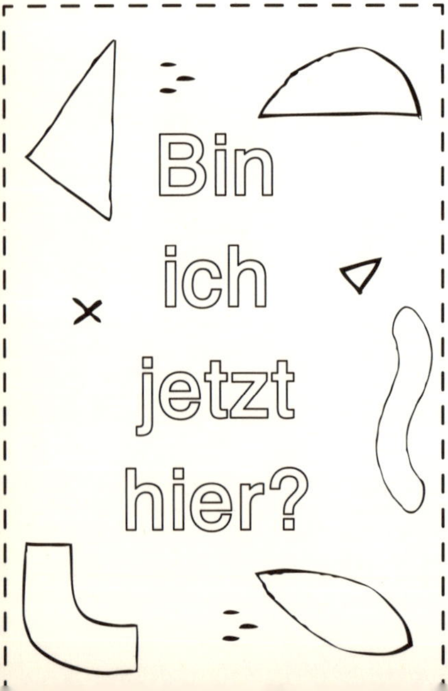

Durchhaltevermögen

Übungsanleitung: Stell einen Topf mit Wasser auf die Herdplatte und bring das Wasser zum Kochen. Bleib einfach daneben stehen, ohne gleich wieder wegzulaufen und etwas anderes zu tun. Beobachte, welche Blasen dabei an die Oberfläche steigen – nicht nur im Topf, sondern auch in deinen Gedanken und deinem Körper.

Ist es dir gelungen, beim Topf stehen zu bleiben?

- ☐ Ja.
- ☐ Nein, ich habe stattdessen ____________________.

Schlag jetzt Seite 117 auf.

Die Zeit ist ...

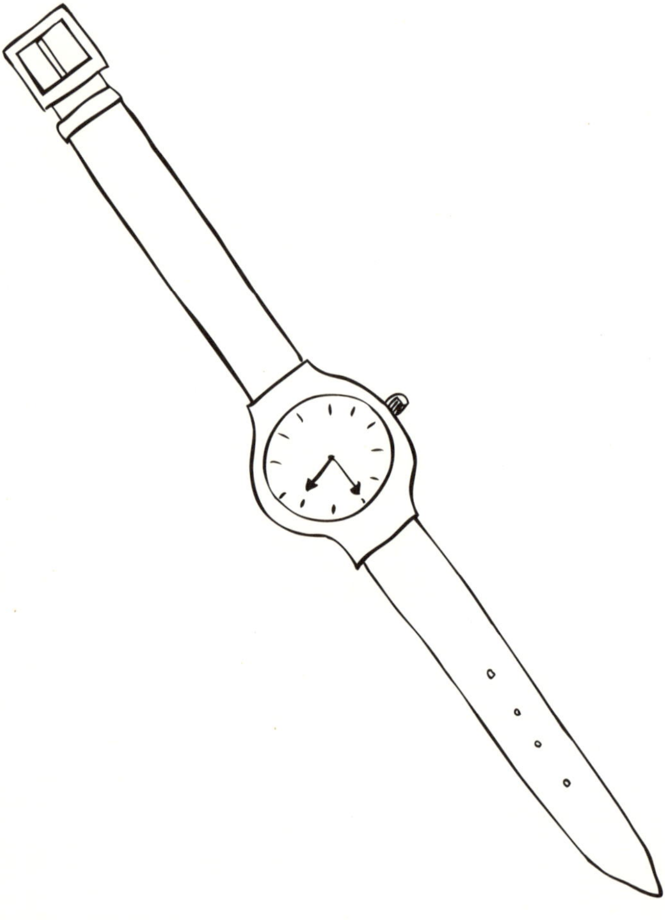

... jetzt

1. Schneide einen etwa 2 x 1 cm großen Tesa- oder Klebebandstreifen ab.

2. Schreib mit einem Filzstift oder Marker das Wort JETZT darauf.

3. Lass die Schrift trocknen.

4. Kleb den Streifen auf das Zifferblatt deiner Armbanduhr.

5. Beklebe immer wieder andere Uhren (bei dir zu Hause und im Büro) mit solchen Streifen.

»Das ›Immer‹ besteht aus lauter ›Jetzt‹.«

Emily Dickinson

Meditationslandkarte

Legende

 Park

 Museum

 Kirche

 Gipfel

 See

 Fluss/ Bach

 Wald

 Zuhause

 Meditations-zentrum

Toilette

 Strand

 Restaurant

Hotel/ Pension

 Öffentliches Verkehrsmittel

 Wanderweg

Denk an all die vielen coolen Plätze, die du zum Meditieren nutzen könntest. Erstell jetzt mithilfe der Legende links eine eigene Karte mit Achtsamkeitsorten in deiner Stadt oder der Welt. Teile deine Lieblingsorte auch mit anderen.

Ort(e): **(nicht maßstabgerecht)**

Lass los!

Schreib alles, was du gerne loslassen möchtest, auf die Ballons.

Zeichne noch mehr Ballons,
bis beide Seiten
voll sind.

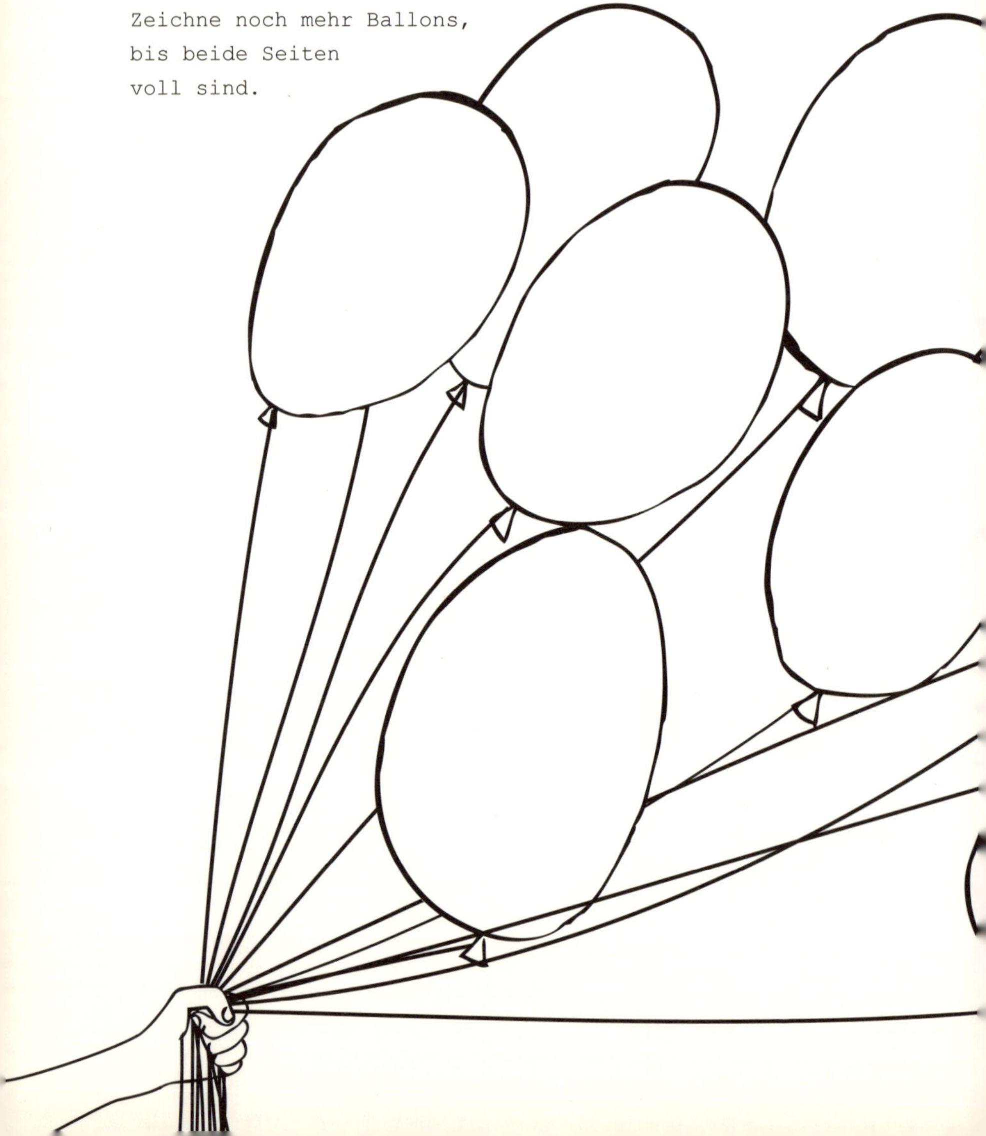

Geh nach draußen, schließ die Augen
und lass deine Ballons in Gedanken
zum Himmel hinaufschweben.

Es liegt ein Duft in der Luft ...

»Erinnerungen, Fantasien, frühere Gefühle und Assoziationen werden über den Geruchssinn viel schneller wachgerufen als über jeden anderen Sinneskanal.«

Oliver Wendell Holmes

Fang einen Geruch ein – tupf einen Tropfen Parfüm oder Waschmittel auf diese Seite … Oder gib einen Tropfen Klebstoff darauf und streu etwas Erde oder Zimtpulver darüber.

Setz deinen Duft
hier hin

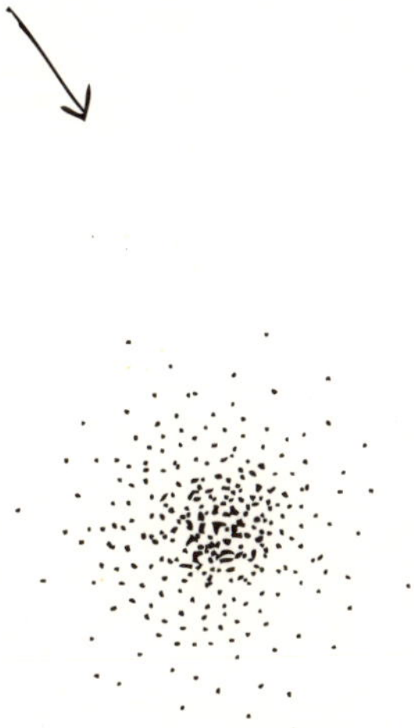

Was für Gefühle weckt dieser Geruch in dir?

Komm mit in den Zoo!

Wenn deine Gedanken heute ein Tier wären –
welches wäre es dann?

Ein Affe, der sich von Baum zu Baum schwingt?

Eine Giraffe, die friedlich die Landschaft überblickt?

Ein Pinguin, der heiter durch Schnee und Eis watschelt?

Ein Kamel, das gemächlich durch den Tag schaukelt?

Ein Strauß, der durch die Gegend flitzt?

Ein gereizter Alligator?

Ein kampfbereit umherstreifender Tiger?

Was für Tiere gibt es in
deinem Zoo noch?

Digitales

In welchen Situationen schaust du normalerweise auf dein Handy? (Umkringle alle zutreffenden Antworten.)

Morgens vor dem Aufstehen	In öffentlichen Verkehrsmitteln
Wenn ich auf etwas oder jemanden warte	Beim Essen
Auf der Toilette	Bei der Arbeit
Im Bett	Wenn ich mit jemandem rede
Im Park	Am Strand
Sonstige: ____________	Sonstige: ____________

Detox

Verbring einen Tag ohne Handy.

Plane deinen Tag …
zeichne den Weg auf:

Bedürfnis, auf das
Handy zu schauen:

Nachricht, die du
später abschickst:

Schöne Dinge
aufgefallen:

Stillstehen

Steh fünf Minuten lang still da.

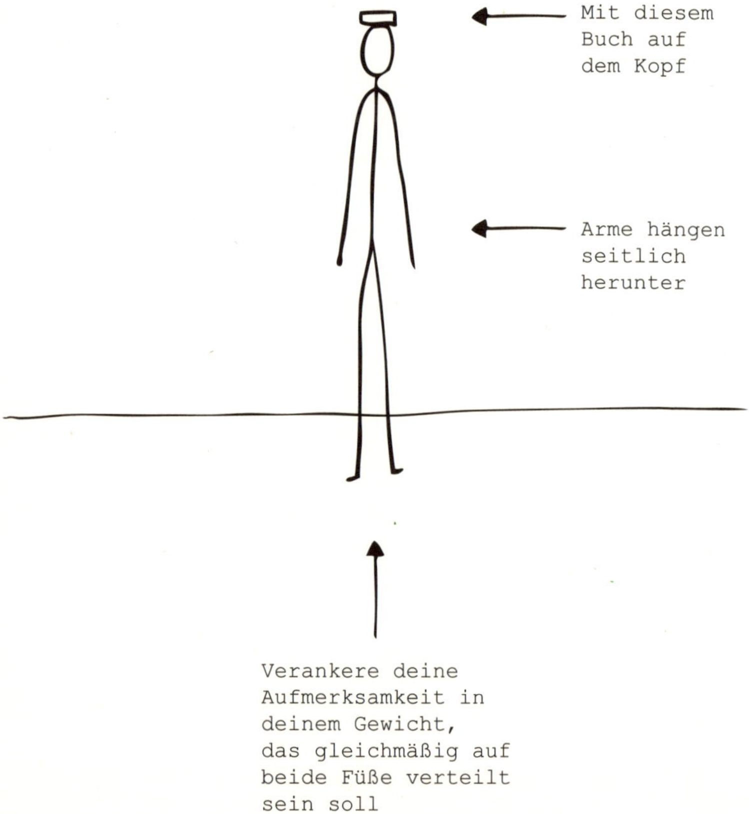

Achtsames Fotografieren

Schneide das Innere des Bilderrahmens entlang der gepunkteten Linie aus. Dann befolge die Übungsanleitungen auf der nächsten Seite.

Nimm dieses Buch mit in den Park (oder an irgendeinen anderen Ort im Freien). Fang mit der Kameralinse deine Lieblingsschauplätze ein und speichere diese in deinem Gedächtnis ab.

Lieblingszitat

Dein Lieblingszitat:

»

«

Sorgenrad

Was bedrückt dich besonders oft? Zeichne daraus ein Rad deiner Sorgen und Bedenken.

Du kannst die Felder so illustrieren und ausmalen, wie du möchtest.

Dann befestige mit einem Stift eine Büroklammer in der Mitte des Kreises und schnipse sie an, damit sie sich dreht!

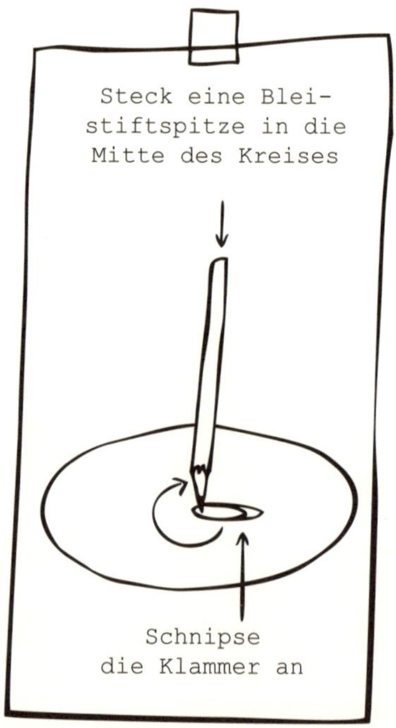

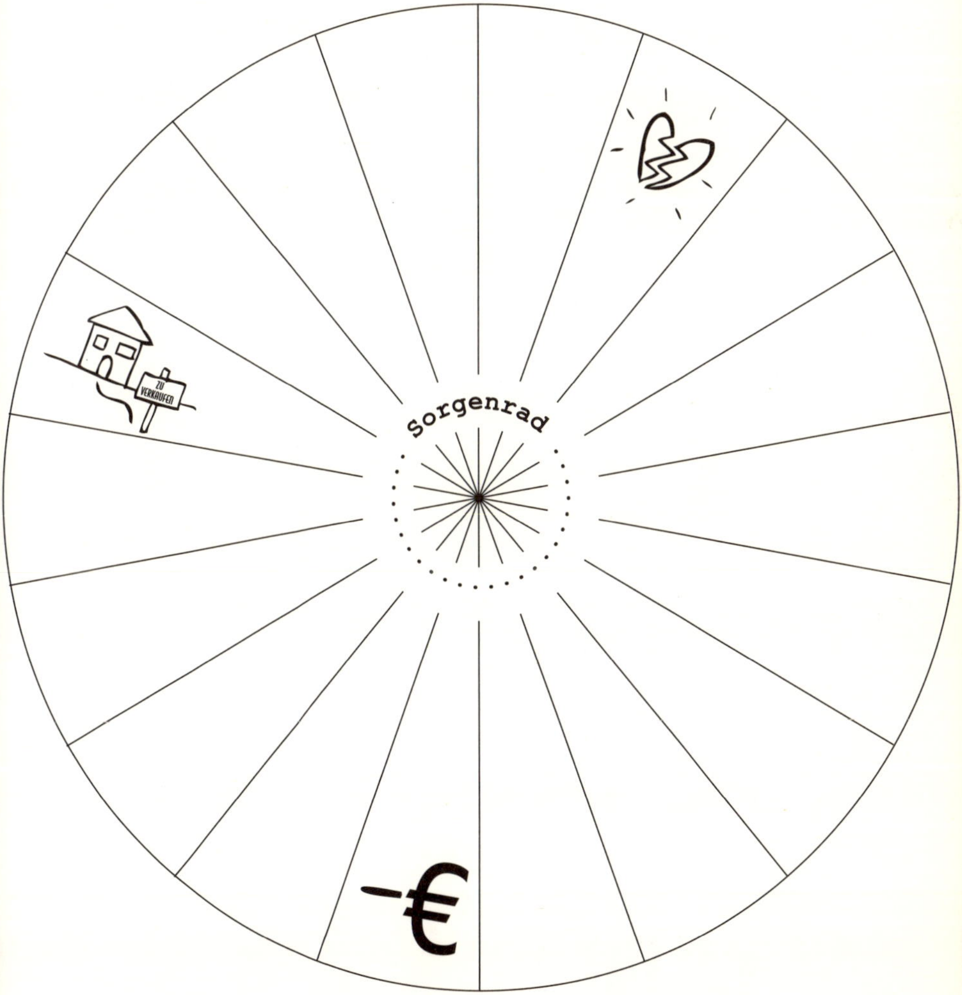

Kleingedrucktes: Preise können nicht garantiert werden. Verluste auch nicht.

Wunder-Lieferkette

Überleg einmal, wie viele Menschen, wie viel Sorgfalt, Kooperation und Energie an der Produktion deiner Lieblingsleckerei beteiligt waren. Zeichne eine Lieferkette der Schritte, durch die diese Köstlichkeit zu dir gelangt ist.

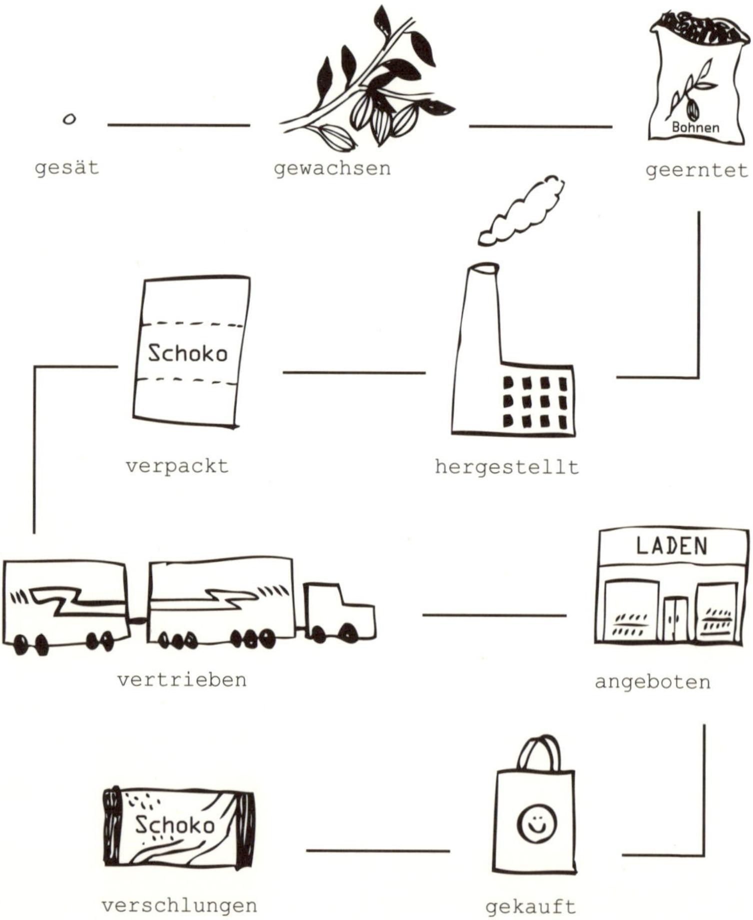

Deine Lieblingssüßigkeit: ____________________

Lieferkette:

Bärenhunger

Woran merkst du, dass du Hunger hast?
Welche Signale sendet dir dein Körper dann?

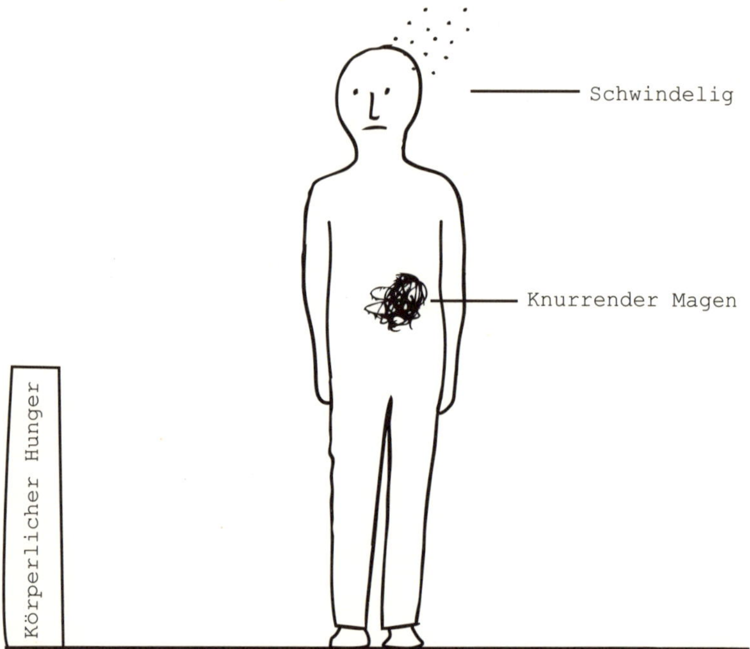

Isst du manchmal auch, weil du …

- ☐ traurig bist
- ☐ dich langweilst
- ☐ im Stress bist
- ☐ dich für etwas belohnen möchtest

oder: ______________________________

Bevor du das nächste Mal etwas isst, überleg, wie viel körperlicher und emotionaler Hunger dahintersteckt. Trag unten in der Grafik den Punkt ein, wo sich körperlicher und emotionaler Hunger treffen. Trag im Lauf der Zeit weitere Beobachtungen ein. Fallen dir Muster auf?

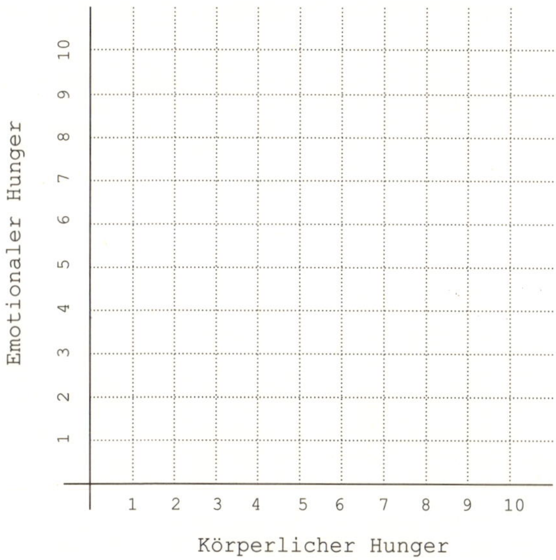

Notizen:

Fußnote:

Es gibt keinen »richtigen« oder »falschen« Hunger. Achtsamkeit bedeutet, seine Erlebnisse und Verhaltensmuster wertfrei wahrzunehmen. Sei einfach neugierig!

Atmen und weben

Wähl zwei Farben aus. Schließ die Augen und stell dir vor, in einer Farbe ein- und in der anderen auszuatmen. Wiederhole diesen Vorgang mit anderen Farben und web sie alle zusammen.

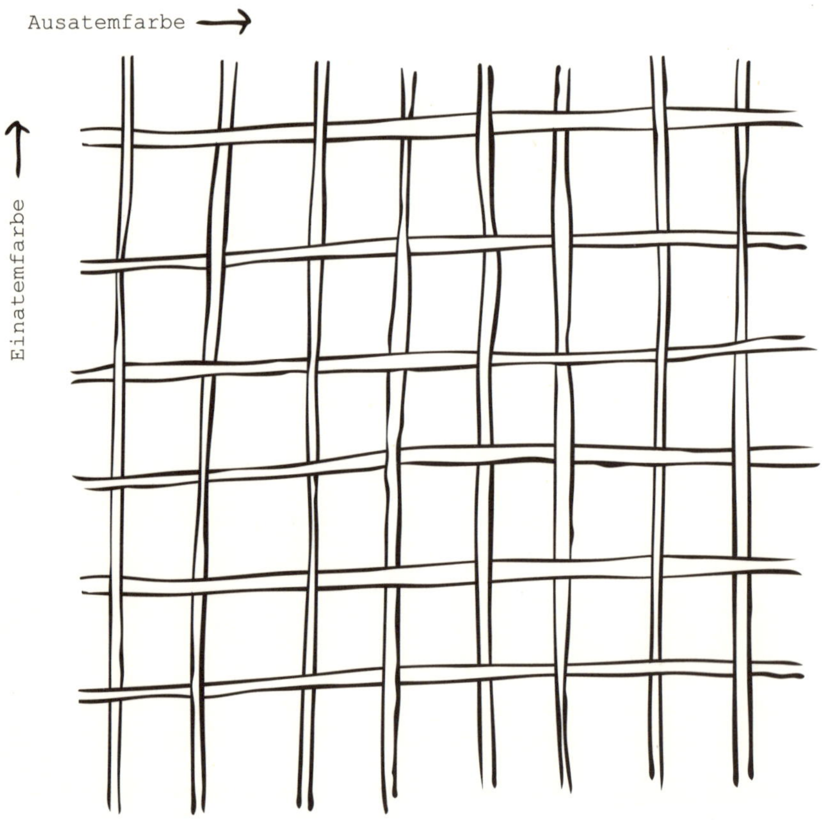

Gewohnheiten durchbrechen

Schneide die Smileys an den beiden Ecken dieser Seite aus und kleb sie irgendwo fest, um dich an etwas zu erinnern, was du dir gern abgewöhnen möchtest, z. B.: dauernd aufs Handy starren, Kaffee trinken, Kühlschrank plündern, fernsehen, im Internet surfen, Computerspiele usw.

Zeichne jedes Mal ein Häkchen in dieses Feld, wenn der Smiley dich vom __________ oder __________ abgehalten hat.

Die ~~To-do~~-Liste

Schreib auf, was du heute alles tun willst …

… und dann LASS ES SEIN.

Die ~~To-do~~-Liste

Schreib alles auf, was du bisher immer verschoben hast oder wovor dir gegraut hat …

… und dann TU es!

Vitalzeichen — Herzschlag

1. Stell deinen Timer auf eine Minute.
2. Leg zwei Finger der rechten Hand an den Pulspunkt deiner Halsschlagader.
3. Zeichne mit geschlossenen Augen für jeden Pulsschlag einen Strich.

Wiederhole das und verwende dabei jedes Mal einen andersfarbigen Stift.

- Es ist nicht schlimm, wenn du einen Pulsschlag auslässt.
- Wenn deine Gedanken abschweifen, lenke deine Aufmerksamkeit einfach wieder zum Puls zurück.

Ein Blatt, das ich gefunden habe ...

Mach auf der nächsten Seite weiter!

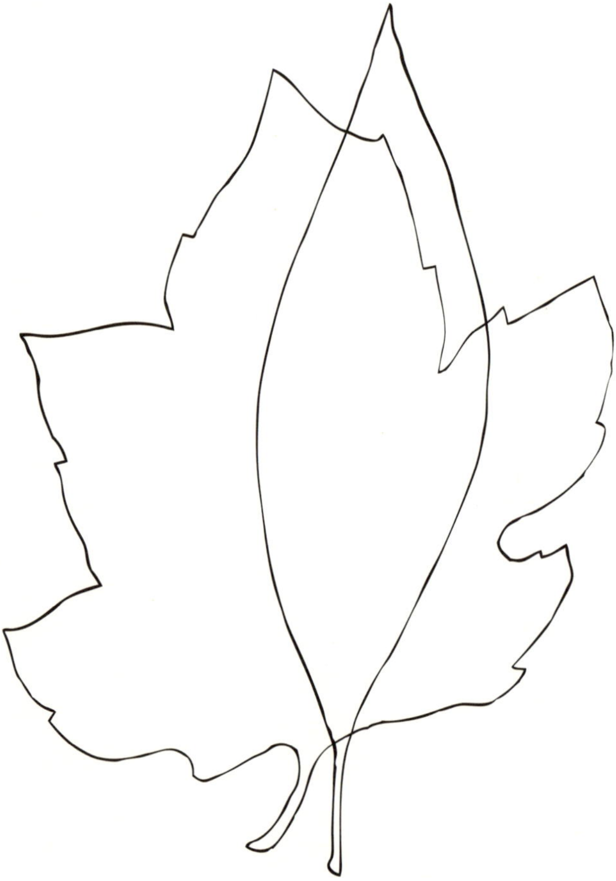

1. Leg dein Blatt hier hin.
2. Hefte diese und die vorige Seite an den markierten Stellen zusammen.

Auf Seite 116
geht es weiter!

... und über das ich mich jetzt freue

1. Zieh die Konturen des Blattes mit dem Finger nach.

2. Reib mit einem Wachsmal- oder Buntstift darüber.

3. Bewundere die Form und die kleinen Blattadern.

4. Nimm den Geruch wahr.

5. Wiederhole das Ganze (zurück zu Seite 113)

Tea-time

Koch dir eine Tasse deines Lieblingstees.

Genieß es bewusst.

Dekorier den Becher, wenn du fertig bist.

Einschlafhilfe

Übe, im Liegen zu meditieren

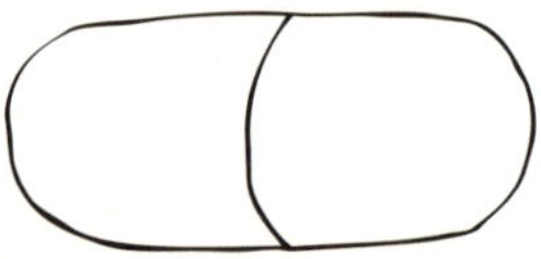

Deine Gedanken jagen sich, während du versuchst einzuschlafen.

Du bemühst dich so sehr darum, dass du hellwach wirst.

So viele Gedanken …

Morgen wirst du müde sein.

Gib deinen Gedanken nach.

Lass sie kommen und gehen wie Wolken.

Atme sie ein und wieder aus.

Dieser Atemzug, dieser Atemzug und dieser Atemzug.

Ums Einschlafen soll man sich nicht bemühen.

Man schläft einfach ein, wenn die Müdigkeit kommt,

oder lässt das Wachsein zu.

Man bemüht sich um nichts – man akzeptiert es einfach.

Leg eine Hand auf den Bauch und die andere aufs Herz.

Lass Güte und Liebe in deinen Körper strömen.

Lass deine Gedanken kommen und gehen wie Schafe.

Lass den Schlaf einfach zu.

Trophäenschrank

Gönn dir ein bisschen Anerkennung für alles, was du bisher erreicht, geleistet und gut gemacht hast! Ob groß oder klein, mal die Trophäen farbig aus und beschrifte sie mit den Erfolgen deiner Großartigkeit!

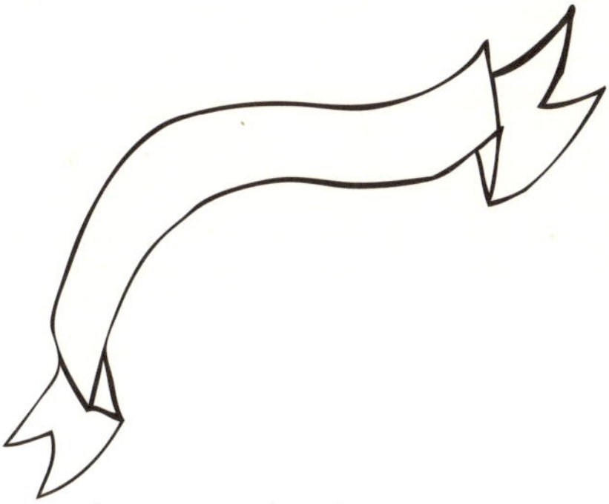

Atme die Welle

Unser Atem ist wie eine Welle: Er schwillt beim Einatmen an und beim Ausatmen ab. Nimm dir einen Stift zur Hand und zeichne Wellen im Rhythmus deiner Atemzüge.

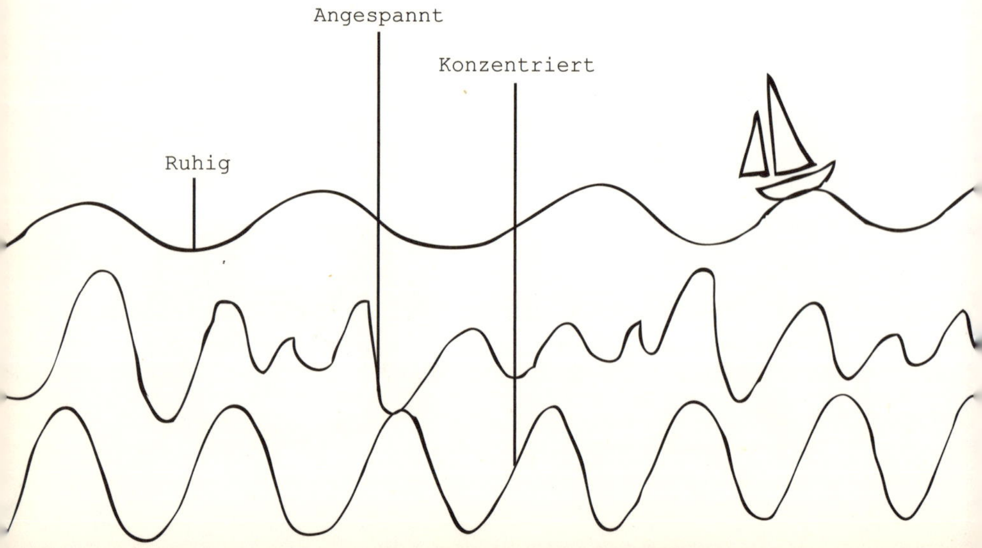

Impuls-Wellenreiten

»Zwischen Reiz und Reaktion liegt ein leerer Raum. Dieser Spielraum ist die Fähigkeit, unsere Reaktion frei zu wählen.«

Unbekannte Quelle, von Stephen Covey

Ein Bedauern weniger

Denk an einen guten Freund, den du im Lauf der Zeit aus den Augen verloren hast.

Schreib ihm einen Brief,

finde seine Adresse heraus

und schick den Brief ab.

Liebe(r) ___________________________

Die ungeschminkte Wahrheit

Zeichne hier ein Gesicht, das für einen geliebten Menschen oder guten Freund steht. Schreib alles dazu, was dir an diesem Menschen gefällt, aber verschweig auch seine Schwächen nicht. Sei ehrlich.

Liebe ihn trotzdem

»Wahre Liebe bedeutet nicht, den vollkommenen Menschen zum Lieben zu finden. Wir sollten lernen, jemanden trotz all seiner Unzulänglichkeiten zu lieben und zu akzeptieren.«

Unbekannt

Sternguckerei

Such am Nachthimmel nach folgenden Sternbildern und hake sie ab:

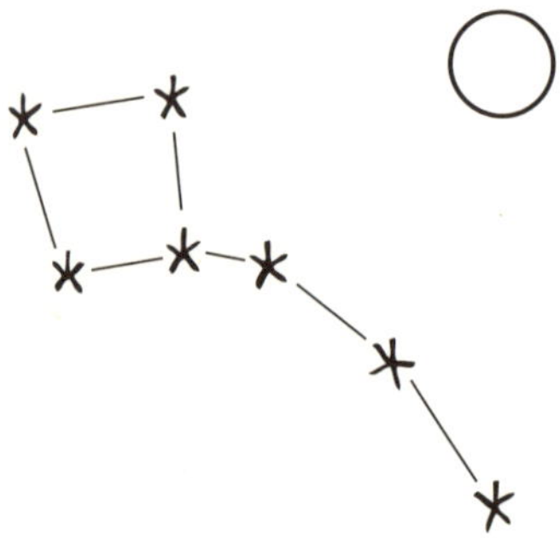

Kleiner Wagen

(am besten im Juni sichtbar)

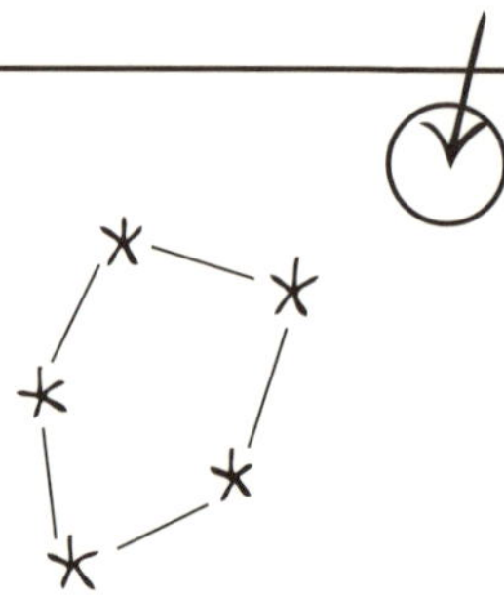

Kepheus

(am besten im November sichtbar)

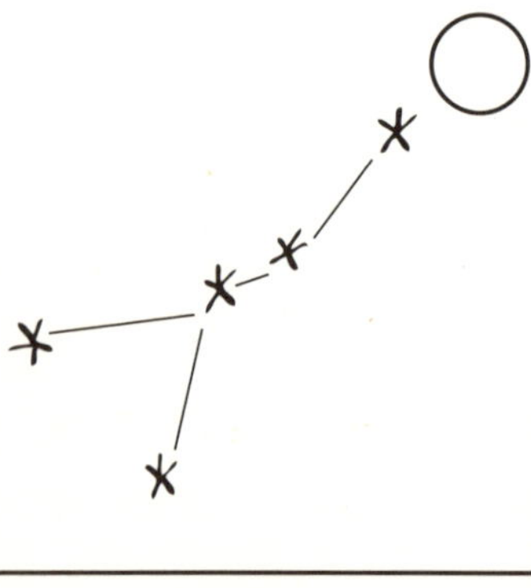

Krebs

(am besten im März sichtbar)

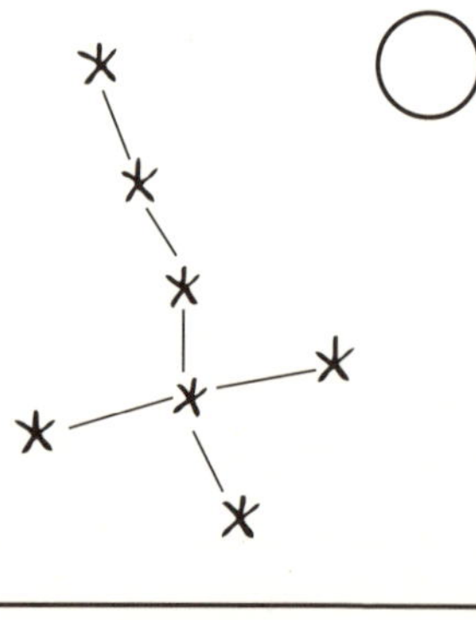

Schwan

(am besten im September sichtbar)

»Am dunkelsten Himmel sieht man die Sterne am besten« Richard Paul Evans

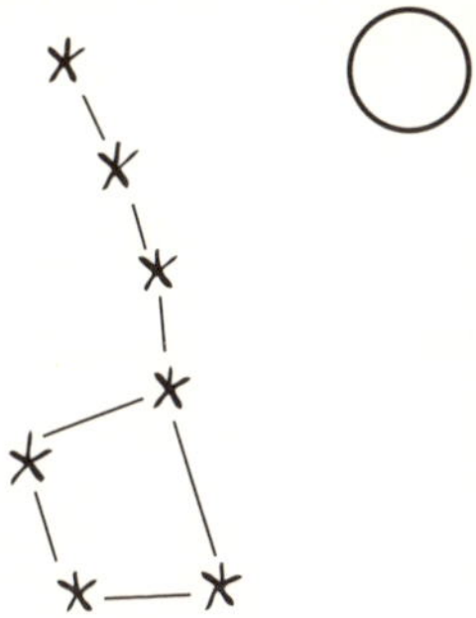

Großer Wagen

(am besten im April sichtbar)

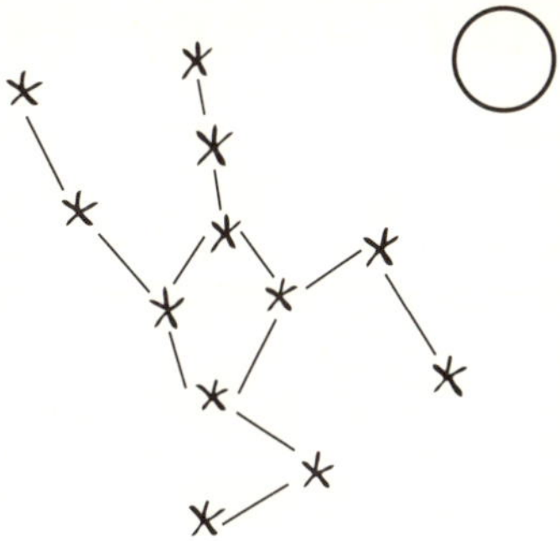

Herkules

(am besten im Juli sichtbar)

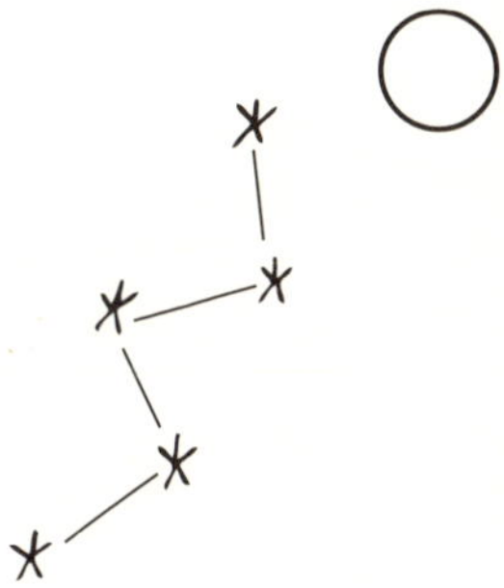

Kassiopeia

(am besten im November sichtbar)

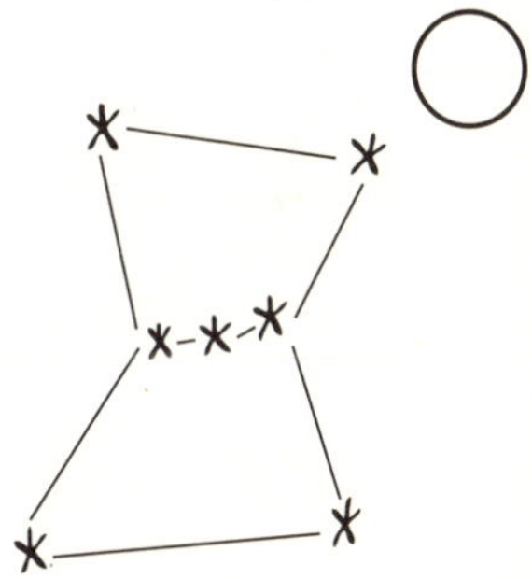

Orion

(am besten im Januar sichtbar)

Sternschnuppentagebuch:

Datum/ Uhrzeit:	Ort:	Datum/ Uhrzeit:	Ort:

Vom Haken lassen

Wenn deine Gedanken beim Meditieren abschweifen, merk dir, wo sie hingewandert sind, befrei sie und richte deine Aufmerksamkeit wieder auf deine Atmung.

Von folgenden Haken lassen unsere Gedanken sich besonders leicht einfangen:

- Über Vergangenes nachdenken
- Sorgen machen
- Tagträumen
- Pläne schmieden
- Dinge analysieren
- Urteilen

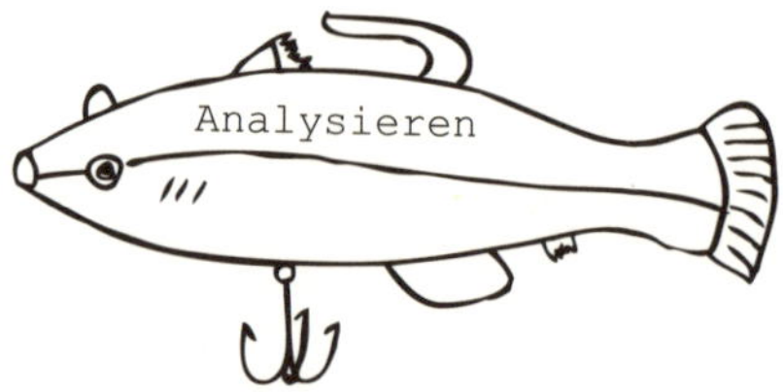

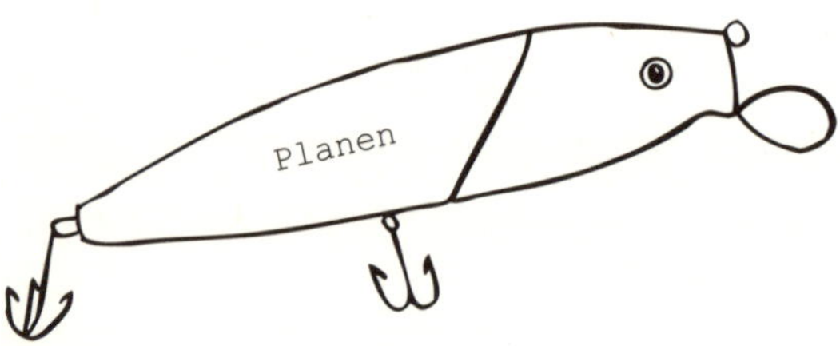

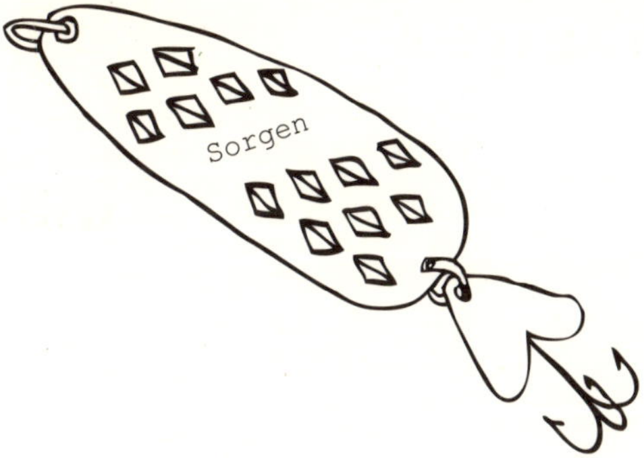

Welche Themen bleiben sonst noch an deinen Haken hängen? Bei Bedarf kannst du noch weitere hinzufügen.

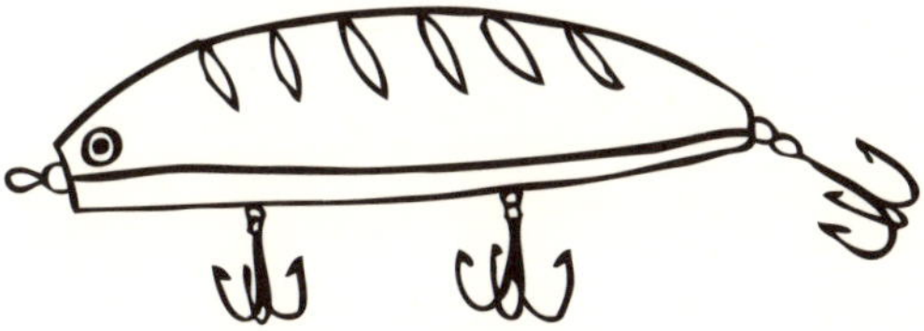

Haustierstein

Such dir einen ganz normalen Stein und mach ihn zu deinem Wegbegleiter. Trag ihn eine Woche lang in der Tasche mit dir herum und leg ihn abends auf deinen Nachttisch.

Konzentrier dich hundertprozentig auf diesen Stein, während du ihn:

- aufhebst
- abspülst
- benennst
- bemalst
- Freunden zeigst
- abzeichnest

Achte darauf, wie deine Beziehung zu dem Stein sich im Laufe der Woche verändert.

Name des Steins: ______________________________

Porträt:

Tagebuch euer gemeinsamen Aktivitäten:
(z. B. Sonnenuntergänge, Abendessen, Fernsehshows, Spaziergänge)

Spielerische Aufmerksamkeit

Reiß die rechte Seite heraus – falte daraus einen Papierflieger und lass ihn aus dem Fenster fliegen. Beobachte, wie er zu Boden schwebt.

BASTELANLEITUNG:

1. Falte das Papier der Länge nach in der Mitte.
2. Falte es wieder auseinander.
3. Klapp die oberen Ecken so ein, dass sie sich an der Mittellinie treffen.
4. Falte die Seiten (entlang der gepunkteten Linie) nochmals so ein, dass sie sich in der Mitte treffen.
5. Falte das Ganze zusammen.
6. Falte beide Außenseiten auf die Hälfte.
7. Lass den Flieger fliegen.

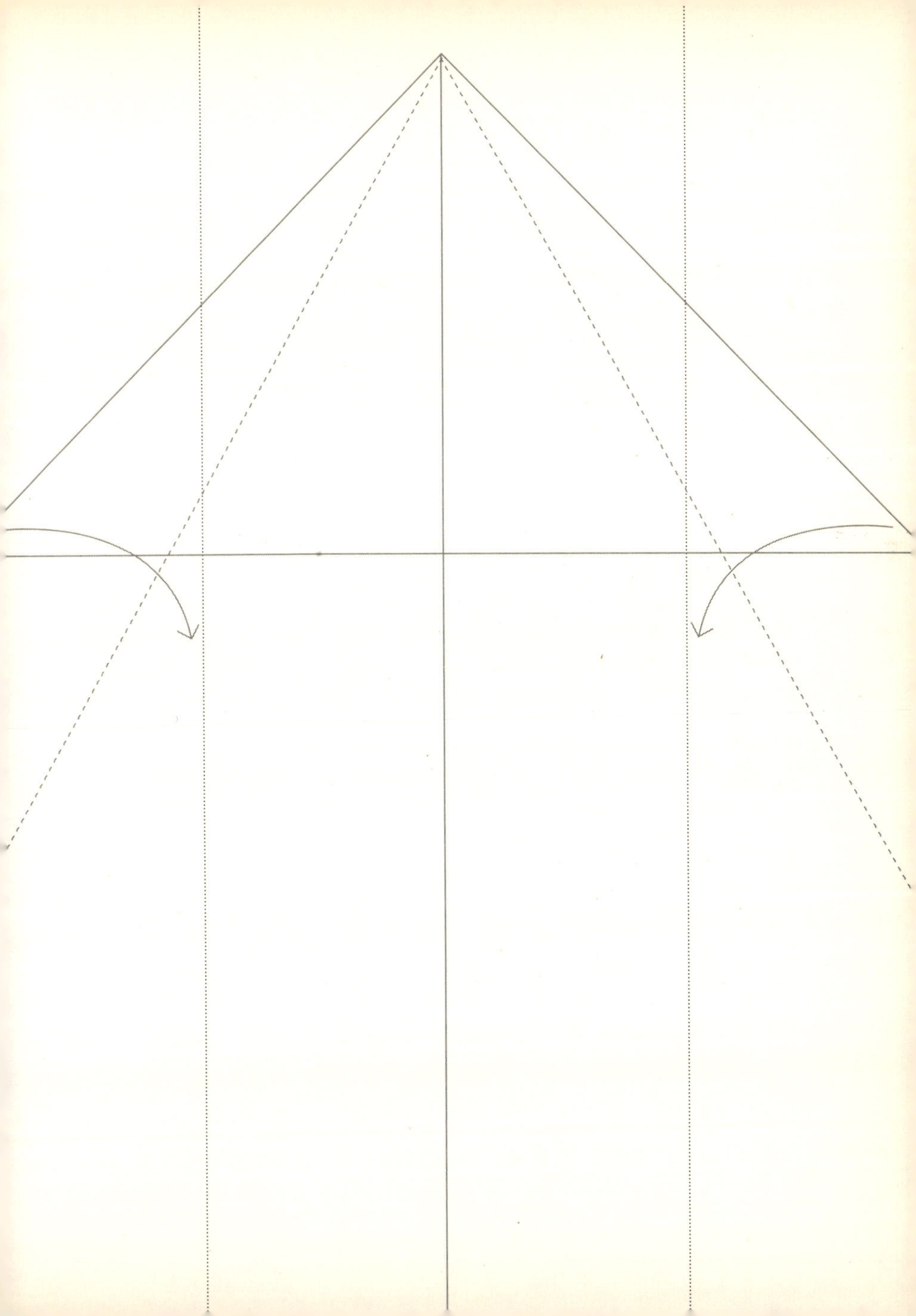

Extra-Punkte: Schreib vorher ein Gedicht auf die Seite.

Beobachte, wie jemand den Flieger aufhebt und das Gedicht liest. ODER mal den Flieger bunt an und schenk ihn jemand anderem zum Spielen.

Leere Seite –
einfach nur so zum Spaß.

Juckreiz

Meditiere 7,5 Minuten lang. Fängt dein Körper irgendwo an zu jucken? Achte auf den Juckreiz und heiße ihn in deiner Wahrnehmungswelt willkommen.

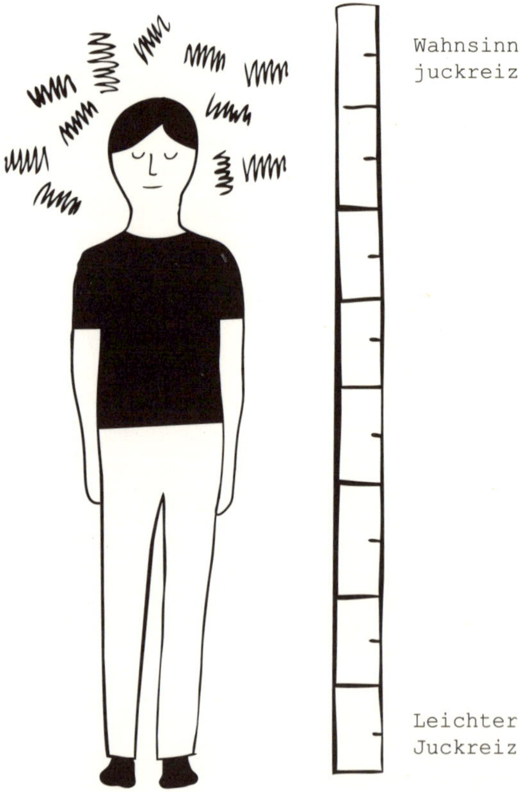

Konzentrier dich darauf, so lange du kannst.
Bei Bedarf wiederhole die Übung.

Tränensammler

Schau dir einen traurigen Film an.

Lass deinen Tränen freien Lauf und sammle sie auf dieser Seite.

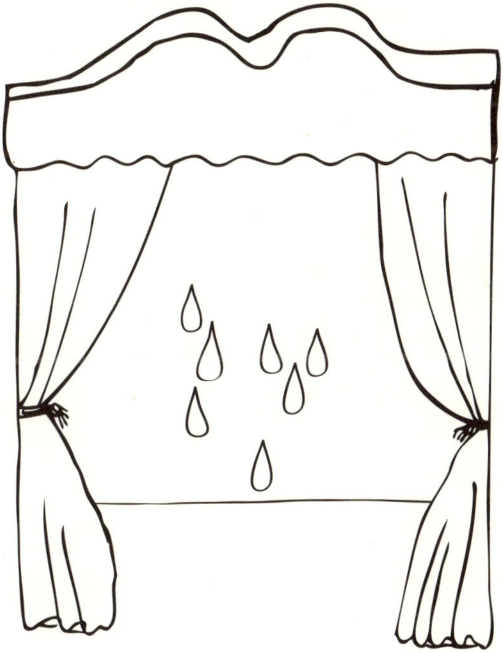

Dann kehr wieder in die Gegenwart zurück und konzentrier dich auf die nächste Übung.

Song-Liebe

Spiel einen Song ab, den du magst.

Hör genau zu.

Achte darauf, wie Melodie und Text in deinem Körper nachhallen.

Sing

Tanze

Wiederhol es

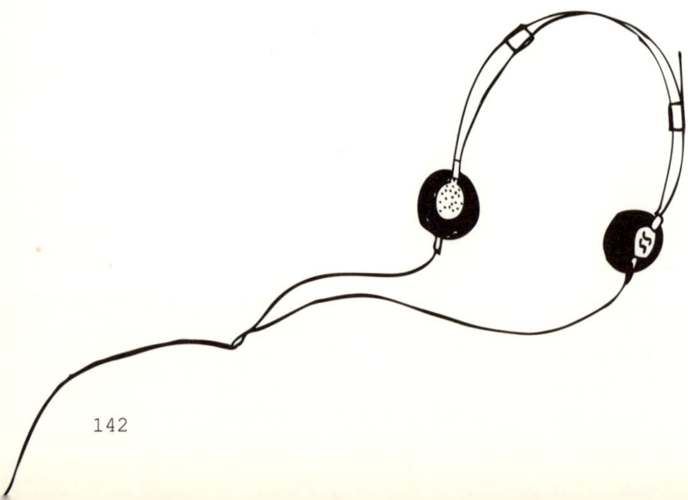

Schreib hier deinen Lieblings-Songtext auf:

Die Wände hoch

Bemal diese Wände mit allem, was dich wahnsinnig macht – Selbstkritik, schlimmste Ärgernisse, Sorgen und negative Gedanken.

In allen Farben, Formen und Größen. Die Zeichnungen dürfen ruhig kreuz und quer durcheinandergehen und sich überschneiden.

Das hier sind deine Graffitiwände!

Dankbarkeitsweckruf

Stell einen Wecker so, dass er alle 60 Minuten klingelt. Lass dich von diesem Klingelton daran erinnern, dankbar zu sein. Schreib auf, wofür:

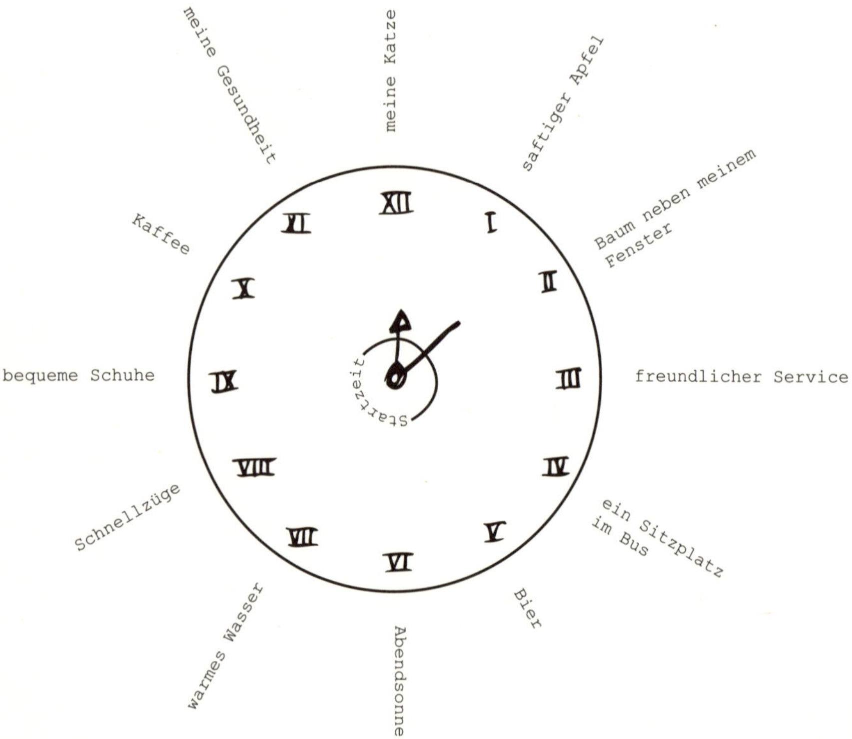

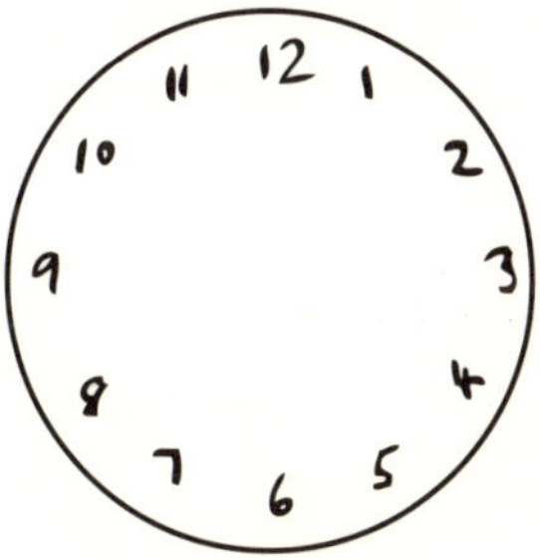
12
1
2
3
4
5
6
7
8
9
10
11

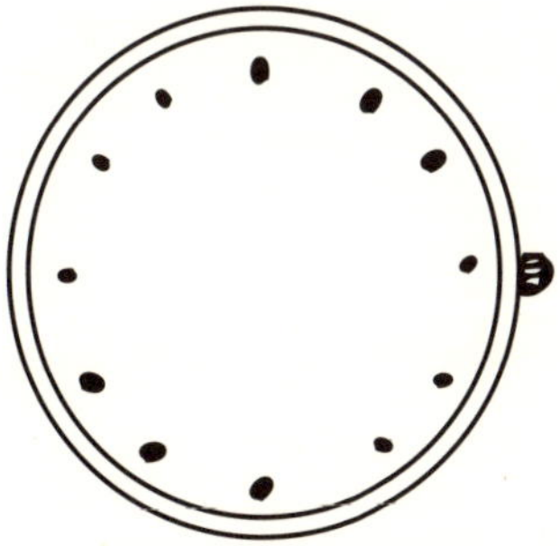

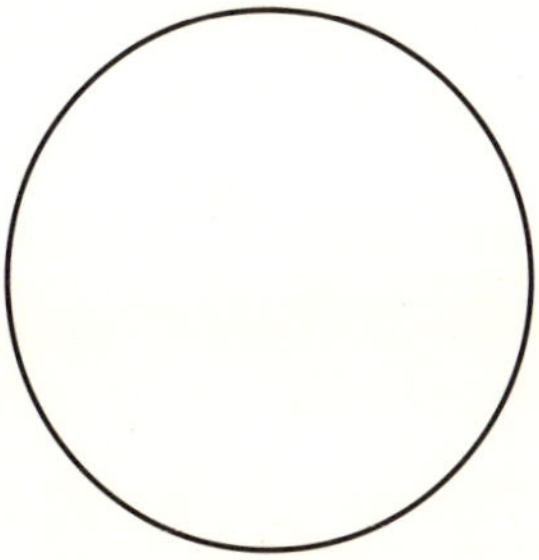

Querdenken

Auflösung zu Seite 62.

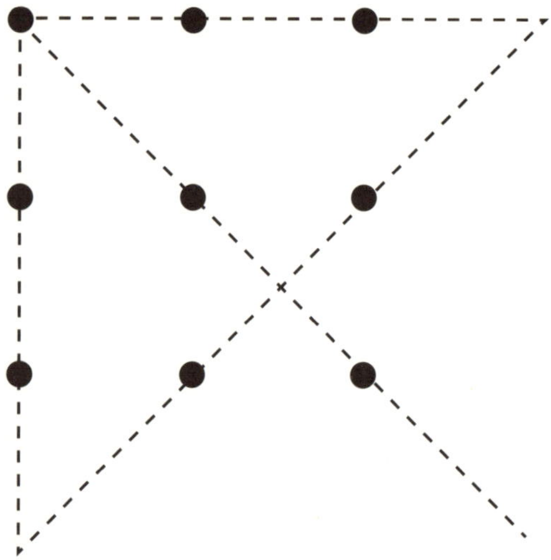

Hast du dich durch die quadratische Anordnung der Punkte in deiner Suche nach Lösungsmöglichkeiten einschränken lassen?

Genau daher kommt der Begriff »querdenken«: Man soll sich mit seinen Gedanken nicht an vorgegebenen Mustern entlangbewegen, sondern neue Wege gehen.

Kaffeewettbewerb

Probiere verschiedene Cafés in deiner Umgebung aus und bewerte den Kaffee nach seinem Geschmack. Schreib dem Testsieger einen Dankesbrief.

Name:

Geschmack: ____________________

____

____

Note: ____________________

Name:

Geschmack: ____________________

____

____

Note: ____________________

Name:

Geschmack: ____________________

____

____

Note: ____________________

Lieber ____________________

Ihr Kaffee ist der beste in dieser Gegend!

Schön, dass es Sie gibt.

Bedank dich.

Danke!

Wünsch dir was

Kleb hier ein Kinderfoto von dir hin:

Ohh, schau dich an!

Denk an dieses wunderbare, unschuldige, verletzliche Kind in deinem Inneren und wünsch dir Glück, Gesundheit und inneren Frieden.

Kaugummimeditation

Anleitung:

Nimm ein Stück Kaugummi in die Hand.

Betrachte ihn, als hättest du noch nie einen Kaugummi gesehen.

Brich ihn entzwei und schnupper daran. Läuft dir dabei das Wasser im Mund zusammen?

Leg den Kaugummi langsam auf deine Zunge und fang an zu kauen.

Achte darauf, wie intensiv der Geschmack am Anfang ist und wie er sich im Lauf der Zeit verändert.

Dann kau ganz normal weiter.

Übe mit verschiedenen Kaugummimarken und -aromen weiter und notiere deine Eindrücke hier. Verwende für jeden Kaugummi einen andersfarbigen Stift.

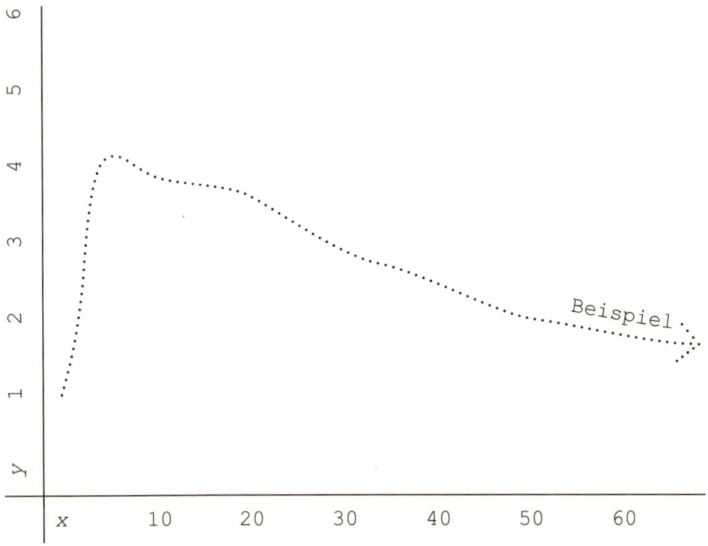

x = Zeit (Sekunden) *y* = Intensität des Aromas

Notizen:

Drück den Knopf

Was sind deine Top-3-»Auf die Palme bringen«-Knöpfe?
Wer oder was löst solche Reaktionen bei dir am häufigsten aus?

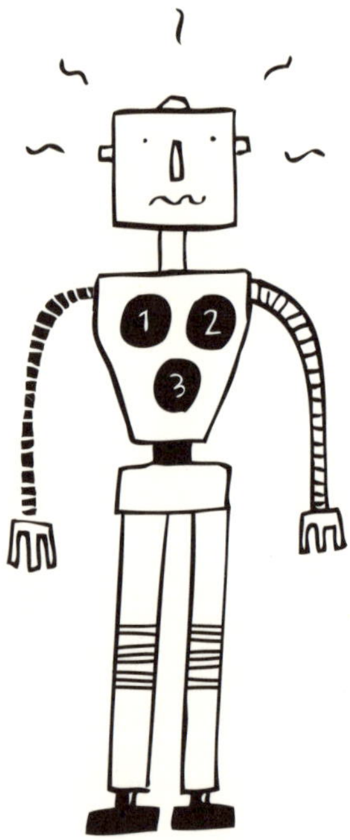

1. ______________________________
2. ______________________________
3. ______________________________

Wie reagierst du in solchen Situationen?

Beim nächsten Mal atme 3-mal tief durch und achte darauf, was dann passiert.

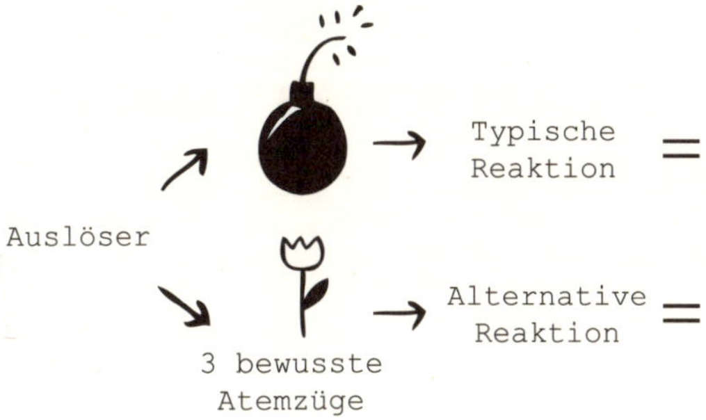

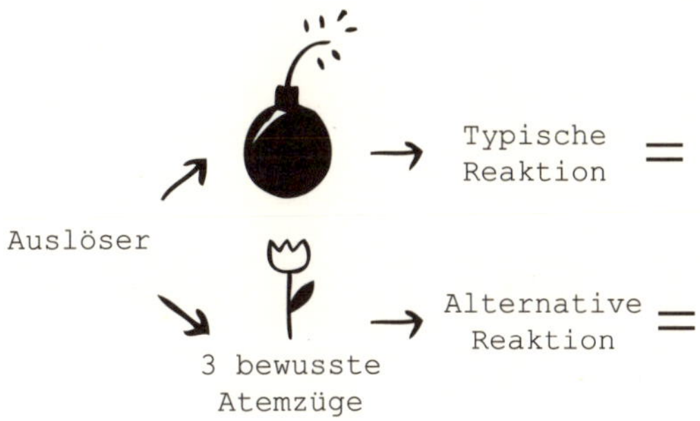

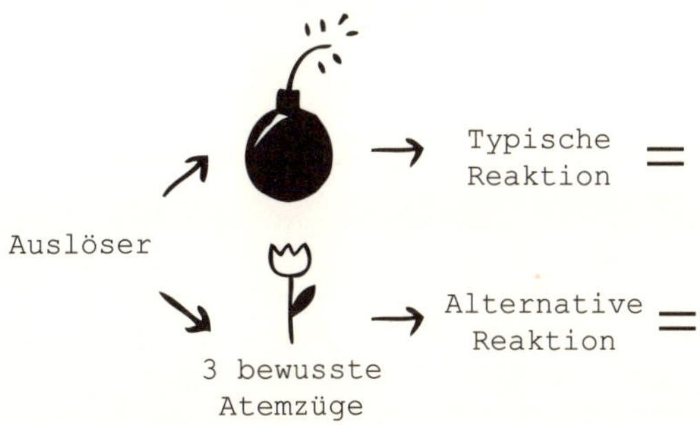

Einfach ziellos umherschweifen

Geh in einen Park oder hinaus in die Natur. Erkunde einfach die Gegend, ohne irgendwo ankommen zu wollen. Wie fühlt es sich an, wenn deine Füße den Boden berühren und wieder abheben? Nimm alle Sinneseindrücke in dich auf.

PS: Wenn deine Gedanken abschweifen, lenk deine Aufmerksamkeit einfach wieder zu deinen Füßen zurück.

»Geh einfach los, dann erscheint der Weg ganz von selbst vor deinen Füßen.«

Rumi

Immer schön locker bleiben!

Manchmal muss man das Leben einfach *locker nehmen*

Wähl deine Lieblings-Entspannungs-Tätigkeit aus und leg los!

Hier ein paar Anregungen – ergänze sie durch eigene Ideen und hake alles ab, was du ausprobiert hast:

- ☐ In einer Hängematte liegen
- ☐ Einen grasbewachsenen Abhang hinunterrollen
- ☐ Sich im Swimmingpool treiben lassen
- ☐ Auf einer Bank in der Sonne sitzen
- ☐ Einer Katze beim Schnurren zuhören
- ☐ ____________________
- ☐ ____________________
- ☐ ____________________
- ☐ ____________________
- ☐ ____________________
- ☐ ____________________
- ☐ ____________________
- ☐ ____________________
- ☐ ____________________
- ☐ ____________________

aloha!

Meditationshürden

Manchmal ist Meditation wie ein Hindernisrennen: Davor, währenddessen und danach haben unser Kopf und unser Körper mit allen möglichen Blockaden zu kämpfen.

Ein paar Beispiele:

»Zu schwierig«

»Funktioniert bei mir nicht«

»Keine Zeit«

»Ich würde lieber was anderes machen«

»Zu viele Gedanken«

»Langweilig«

»Kann ich nicht«

»Innere Unruhe«

»Zu einschläfernd«

Trag deine Top 5 in die Hürden ein.

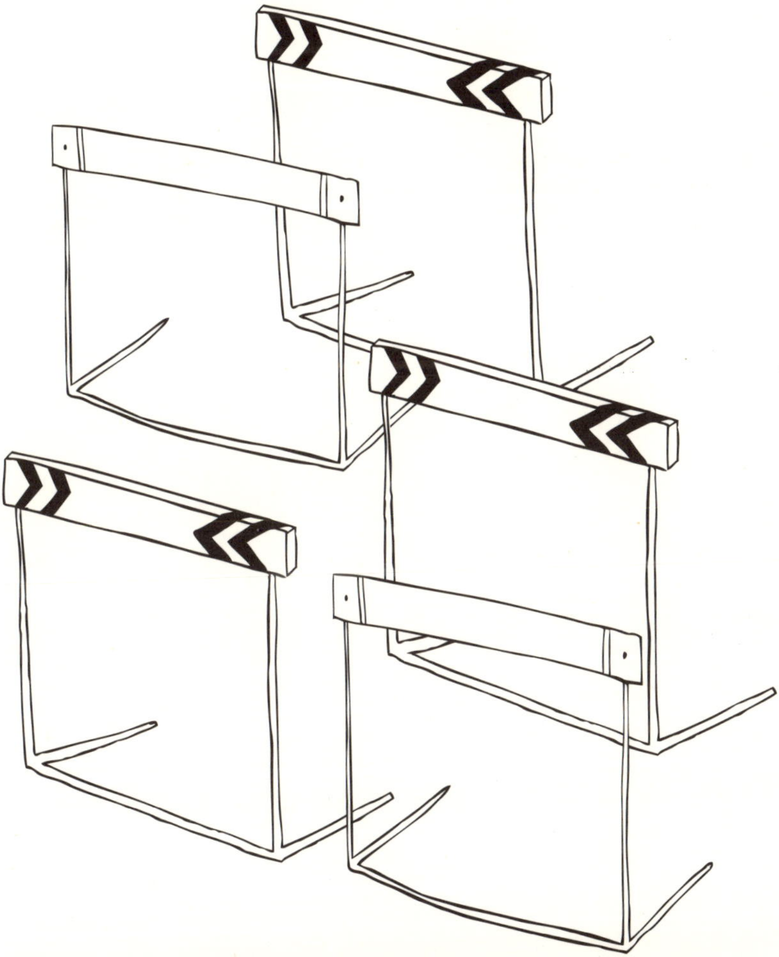

Extra-Punkte: Schau dir ein YouTube-Video an, in dem Läufer Hürden überwinden.

Gruppenumarmung

Zeichne auf diese beiden Seiten alle Menschen, die dir am nächsten stehen. Falls dir niemand einfällt, wähl stattdessen einfach Personen, die du jeden Tag siehst.

Schließ die Augen und denk an die Liebe, Freundlichkeit und Warmherzigkeit, die diese Menschen für dich empfinden.

Und vergegenwärtige dir das Wohlwollen, das du ihnen entgegenbringst. Wie fühlt es sich an, all diese Menschen in dein Herz zu schließen?

Achtsamkeitsspiel

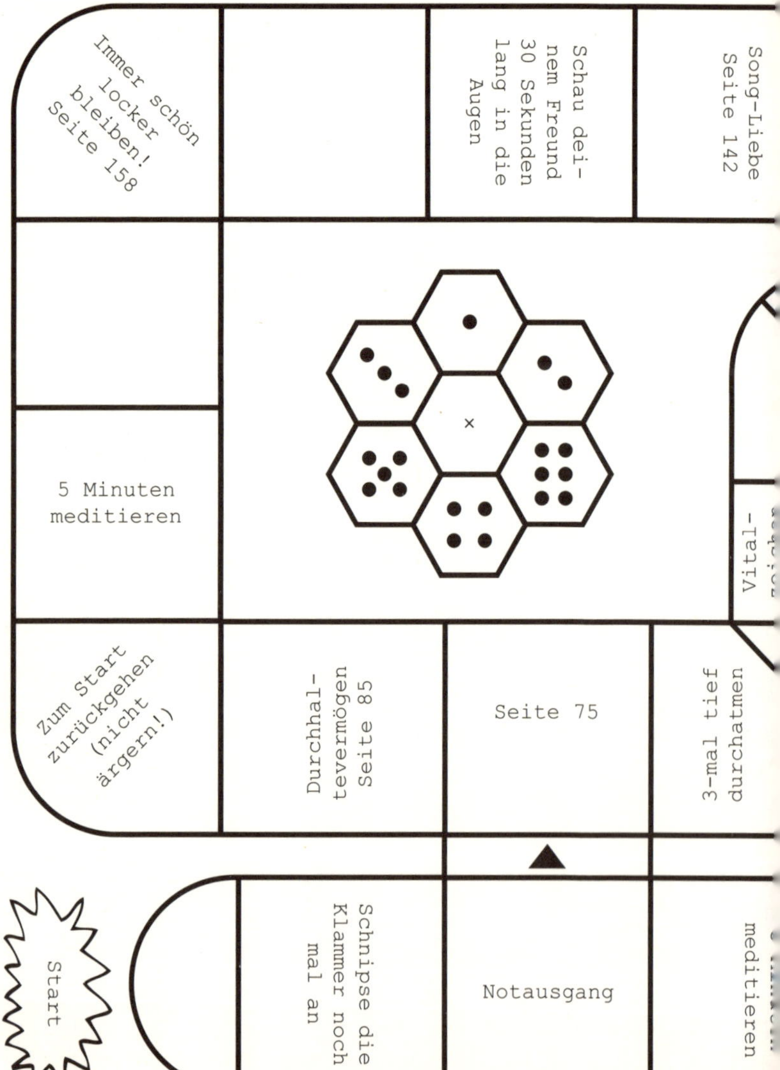

Befestige mit einem Stift eine Büroklammer in der Mitte des Würfels.
Schnipse die Klammer mit dem Finger an, damit sie sich dreht!

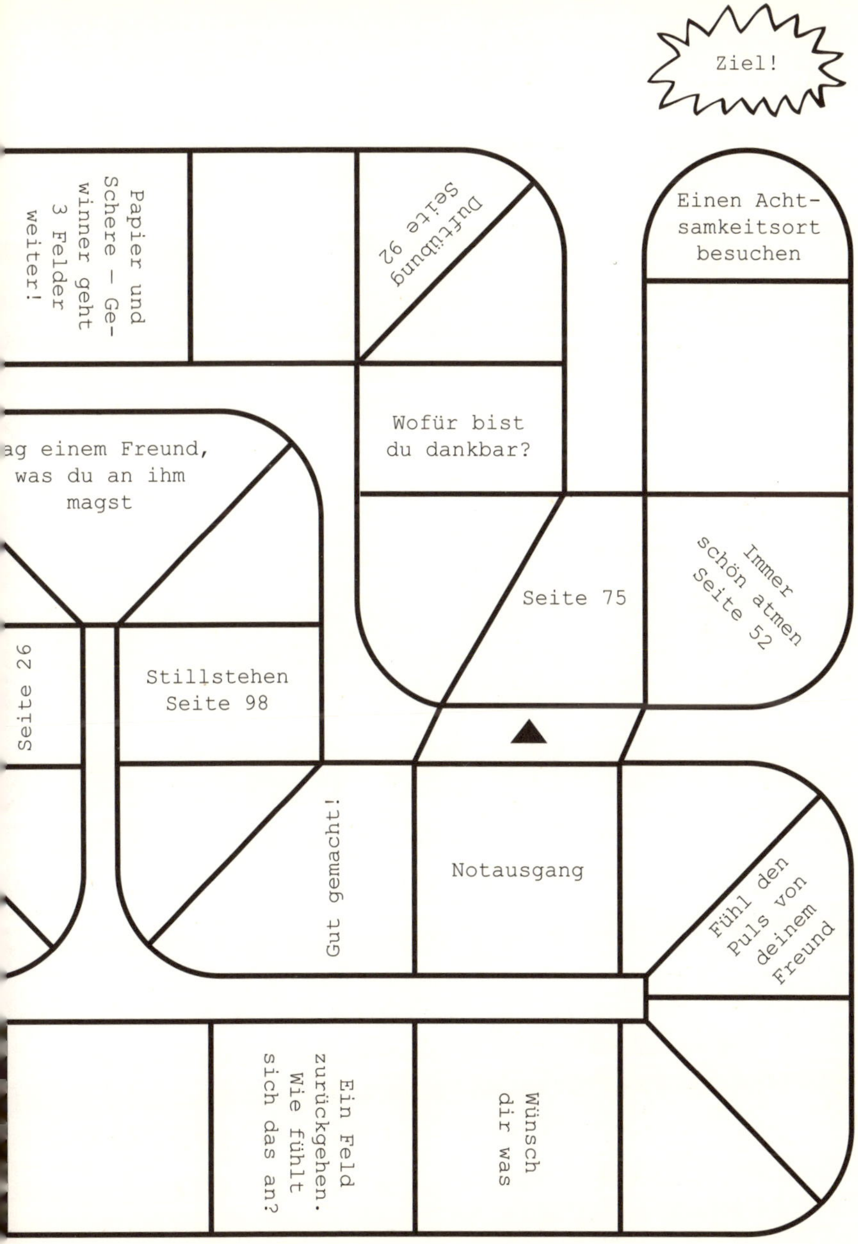
Ziel!
Einen Achtsamkeitsort besuchen
Papier und Schere – Gewinner geht 3 Felder weiter!
Duftübung Seite 92
Wofür bist du dankbar?
ag einem Freund, was du an ihm magst
Immer schön atmen Seite 52
Seite 75
Seite 26
Stillstehen Seite 98
Gut gemacht!
Notausgang
Fühl den Puls von deinem Freund
Ein Feld zurückgehen. Wie fühlt sich das an?
Wünsch dir was

Meditationsnotizen

Befolge die geführten Audioanleitungen auf Seite 18 und unter

www.iamherenow.com

Auf den folgenden Notizseiten kannst du deine Meditationserfahrungen eintragen. Fotokopiere die Vordrucke, damit du bei Bedarf immer einen Notizzettel zur Hand hast.

Auf der nächsten Seite findest du Tipps für das richtige Sitzen bei der Meditation.

→ PS: Auch fürs Meditieren gelten die Spielregeln für ein achtsames Leben (Seite 12) und für das Leben im Hier und Jetzt (Seite 16), die du zu Beginn dieses Buches kennengelernt hast.

Tipps für das richtige Sitzen

Es gibt verschiedene Meditations-Sitzhaltungen. Probiere folgende Positionen aus und wähl diejenige, die du am bequemsten findest.

☐ **Auf dem Stuhl**

Setz dich auf einen Stuhl. Deine Füße stehen auf dem Boden oder auf einem Buch oder Holzklotz. Die Oberschenkel sollten waagerecht ausgerichtet sein. Wenn möglich den Rücken nicht an die Stuhllehne anlehnen!

☐ **Auf den Knien**

Knie dich auf eine Matte oder einen Teppich und schieb ein Kissen, eine Nackenrolle oder einen Holzklotz zwischen deine Knie. Die Hände kannst du auf ein Kissen in deinem Schoß legen.

☐ **Im Schneidersitz**

Setz dich auf eine ebene Oberfläche und kreuz die Beine so, wie es für dich bequem ist. Du kannst dir ein weiches Kissen unterlegen, um deine Knie abzustützen, oder flach auf dem Boden sitzen und unter jedes Knie eine Stütze schieben. Der Oberkörper bleibt aufrecht.

Halte deine Wirbelsäule gerade, in einer Linie mit Kopf und Nacken. Entspann deine Schulterpartie, indem du tief einatmest und die Schultern beim Ausatmen locker nach unten sinken lässt. Heb die Hände und lass sie dann auf deine Oberschenkel fallen oder falte sie im Schoß. Schließ die Augen.

Meditationsnotizen (Beispiel)

Datum: 27. APRIL Uhrzeit: 10.15 Meditationsdauer: 10 MIN.

Position: | im Liegen (umkringelt) | im Sitzen | im Stehen

Ort: WOHNZIMMER (IN EINER SONNIGEN ECKE)

Stimmung (Icon umkringeln) Beschreibung: Körperkarte:

Davor: MÜDE

Danach: ERHOLT

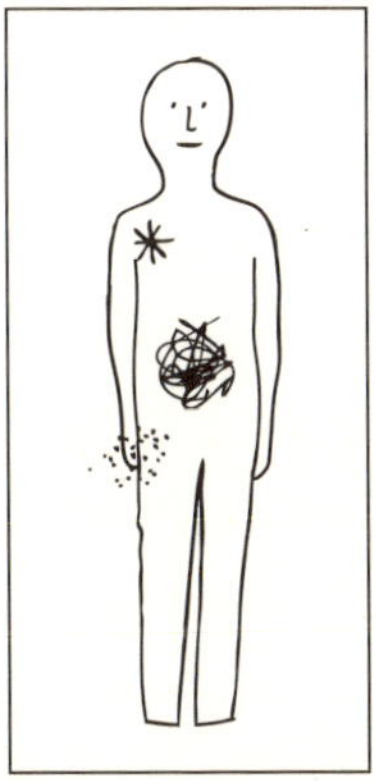

Notizen (Gedanken/Wahrnehmungen/Gefühle):

ANFANGS WAR ICH MÜDE UND ERSCHÖPFT. MACHTE MIR GEDANKEN WEGEN MEINER PRÄSENTATION, KONNTE MICH DANN ABER WIEDER AUF MEINE ATEMZÜGE KONZENTRIEREN. ALS DIE SORGEN KAMEN, HABEN MEINE SCHULTERN SICH VERSPANNT, UND ICH HATTE EIN FLAUES GEFÜHL IM MAGEN. GEGEN ENDE HABE ICH MEINEN ATEM WIRKLICH IM GANZEN RUMPF GESPÜRT. MEIN PULS WAR IN DEN FINGERSPITZEN ZU SPÜREN.

Sonstiges:

FREU MICH SCHON AUF MEINEN WOCHENEND-AUSFLUG.

DANKBAR FÜR DEN SONNIGEN TAG!

GEBURTSTAGSKARTE AN MAMA SCHICKEN

Meditationsnotizen

Datum: __________ Uhrzeit: ______ Meditationsdauer: ________

Position: | im Liegen | im Sitzen | im Stehen

Ort: ____

Stimmung (Icon umkringeln) Beschreibung: Körperkarte:

Davor:  ______________

Danach:  ______________

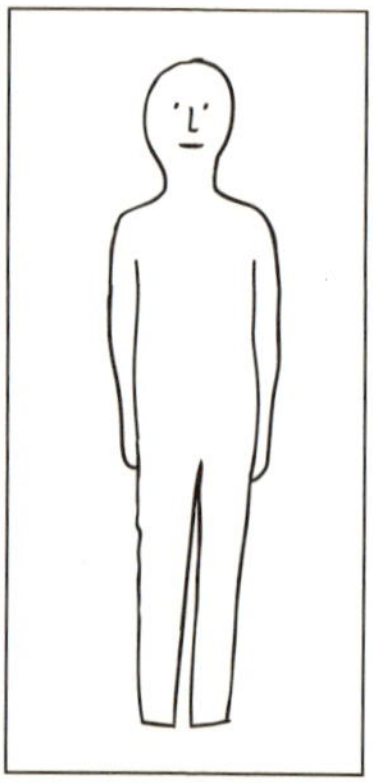

Notizen (Gedanken/Wahrnehmungen/Gefühle):

Sonstiges:

Meditationsnotizen

Datum: __________ Uhrzeit: _____ Meditationsdauer: _______

Position: | im Liegen | im Sitzen | im Stehen

Ort: ____

Stimmung (Icon umkringeln) Beschreibung: Körperkarte:

Davor:  ______________

Danach:  ______________

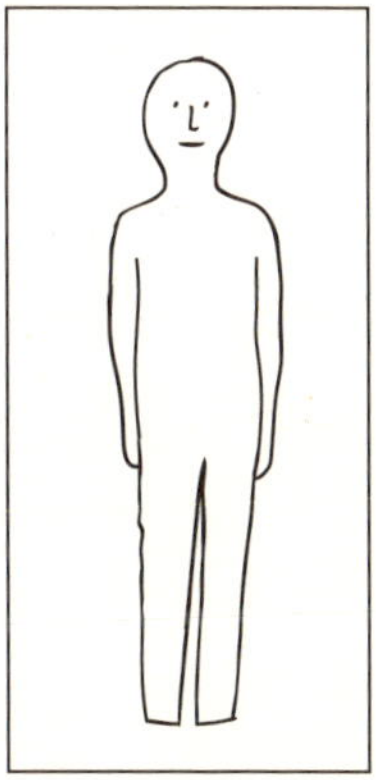

Notizen (Gedanken/Wahrnehmungen/Gefühle):

Sonstiges:

Meditationsnotizen

Datum: __________ Uhrzeit: ______ Meditationsdauer: ________

Position: | im Liegen | im Sitzen | im Stehen

Ort: ____

Stimmung (Icon umkringeln) Beschreibung: Körperkarte:

Davor: ☺ 😐 ☹ _______________

Danach: ☺ 😐 ☹ _______________

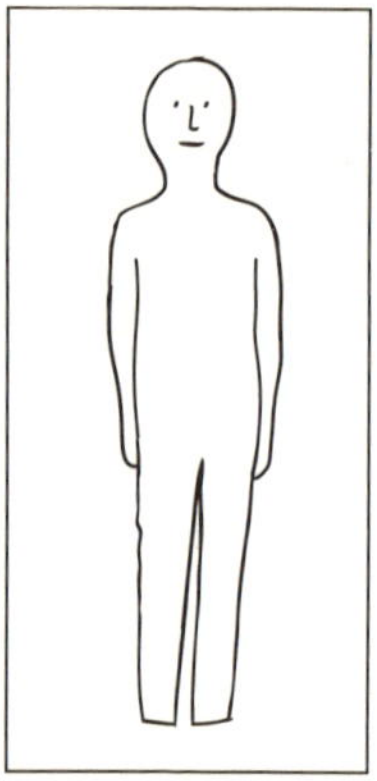

Notizen (Gedanken/Wahrnehmungen/Gefühle):

____

____

____

____

____

____

____

____

____

____

Sonstiges:

Meditationsnotizen

Datum: __________ Uhrzeit: ______ Meditationsdauer: ________

Position: | im Liegen | im Sitzen | im Stehen

Ort: ____

Stimmung (Icon umkringeln) Beschreibung: Körperkarte:

Davor: ☺ 😐 ☹ _______________

Danach: ☺ 😐 ☹ _______________

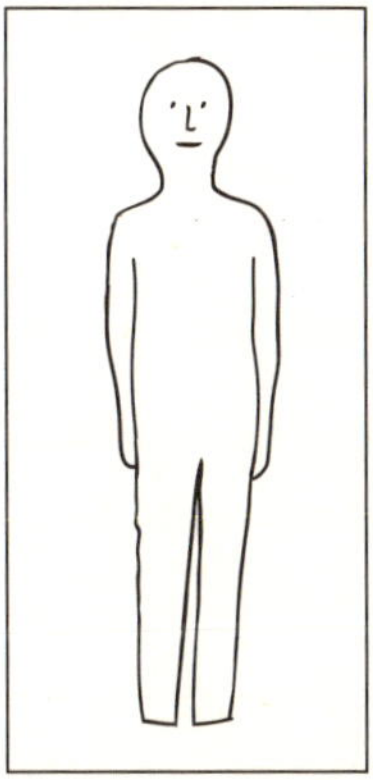

Notizen (Gedanken/Wahrnehmungen/Gefühle):

Sonstiges:

Meditationsnotizen

Datum: __________ Uhrzeit: ______ Meditationsdauer: ________

Position: | im Liegen | im Sitzen | im Stehen

Ort: ____

Stimmung (Icon umkringeln) Beschreibung: Körperkarte:

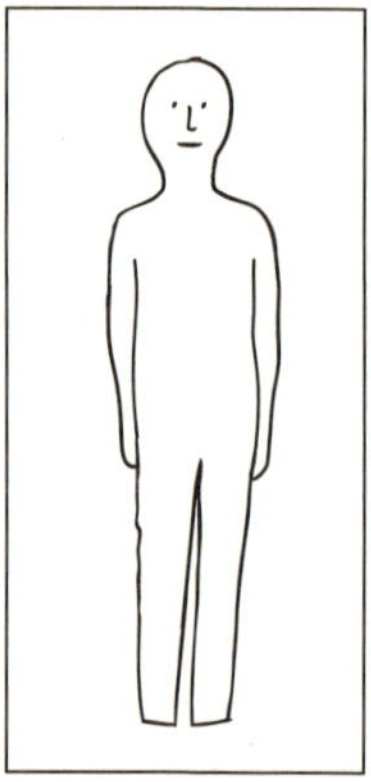

Davor:  ______________

Danach:  ______________

Notizen (Gedanken/Wahrnehmungen/Gefühle):

____

____

____

____

____

____

____

____

____

____

Sonstiges:

Meditationsnotizen

Datum: __________ Uhrzeit: ______ Meditationsdauer: ________

Position: | im Liegen | im Sitzen | im Stehen

Ort: ____

Stimmung (Icon umkringeln) Beschreibung: Körperkarte:

Davor: ______________

Danach: ______________

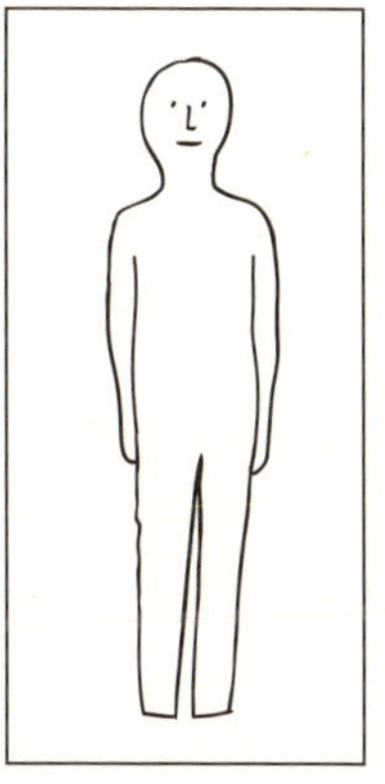

Notizen (Gedanken/Wahrnehmungen/Gefühle):

____

____

____

____

____

____

____

____

____

____

Sonstiges:

Meditationsnotizen

Datum: __________ Uhrzeit: ______ Meditationsdauer: ________

Position: | im Liegen | im Sitzen | im Stehen

Ort: ____

Stimmung (Icon umkringeln) Beschreibung: Körperkarte:

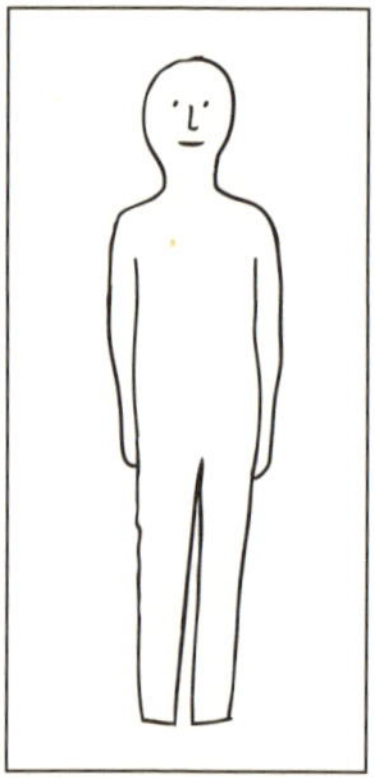

Davor: ______________

Danach: ______________

Notizen (Gedanken/Wahrnehmungen/Gefühle):

Sonstiges:

Meditationsnotizen

Datum: __________ Uhrzeit: ______ Meditationsdauer: ________

Position: | im Liegen | im Sitzen | im Stehen

Ort: ____

Stimmung (Icon umkringeln) Beschreibung: Körperkarte:

Davor:  ______________

Danach:  ______________

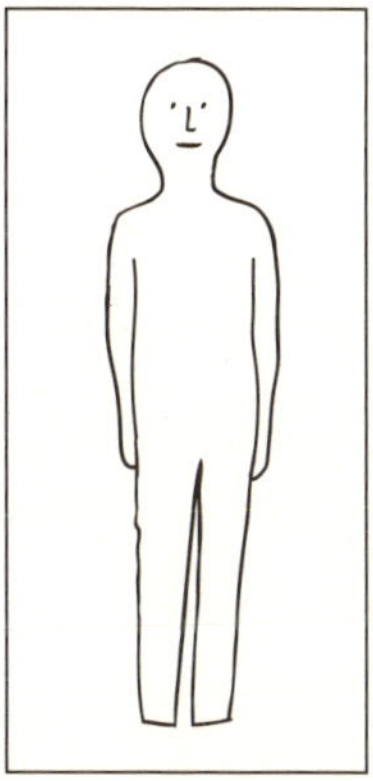

Notizen (Gedanken/Wahrnehmungen/Gefühle):

____

____

____

____

____

____

____

____

____

____

Sonstiges:

Meditationsnotizen

Datum: __________ Uhrzeit: ______ Meditationsdauer: ________

Position: | im Liegen | im Sitzen | im Stehen

Ort: ____

Stimmung (Icon umkringeln) Beschreibung: Körperkarte:

Davor: ☺ 😐 ☹ ______________

Danach: ☺ 😐 ☹ ______________

Notizen (Gedanken/Wahrnehmungen/Gefühle):

Sonstiges:

Meditationsnotizen

Datum: __________ Uhrzeit: ______ Meditationsdauer: ________

Position: | im Liegen | im Sitzen | im Stehen

Ort: ____

Stimmung (Icon umkringeln) Beschreibung: Körperkarte:

Davor:  _______________

Danach:  _______________

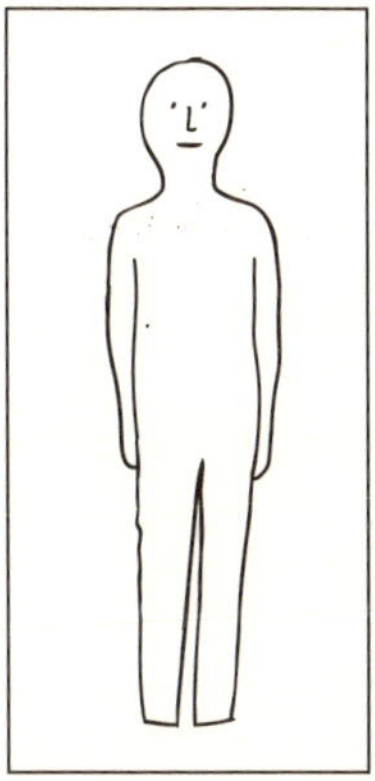

Notizen (Gedanken/Wahrnehmungen/Gefühle):

____

____

____

____

____

____

____

____

____

____

Sonstiges:

Meditationsnotizen

Datum: __________ Uhrzeit: ______ Meditationsdauer: ________

Position: | im Liegen | im Sitzen | im Stehen

Ort: ____

Stimmung (Icon umkringeln) Beschreibung: Körperkarte:

Davor:  ______________

Danach:  ______________

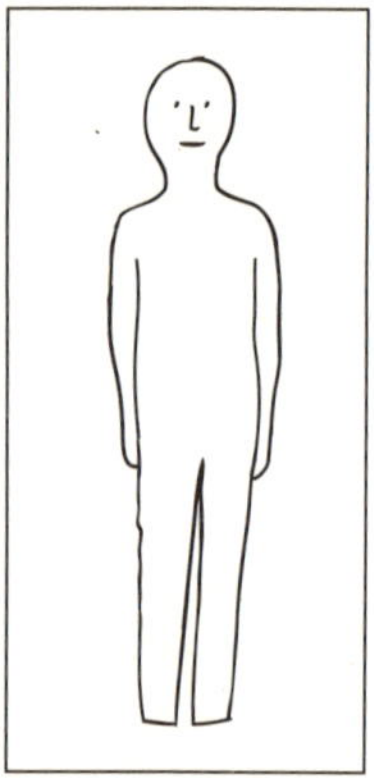

Notizen (Gedanken/Wahrnehmungen/Gefühle):

Sonstiges:

Meditationsnotizen

Datum: __________ Uhrzeit: ______ Meditationsdauer: ________

Position: | im Liegen | im Sitzen | im Stehen

Ort: ____

Stimmung (Icon umkringeln) Beschreibung: Körperkarte:

Davor:  ______________

Danach:  ______________

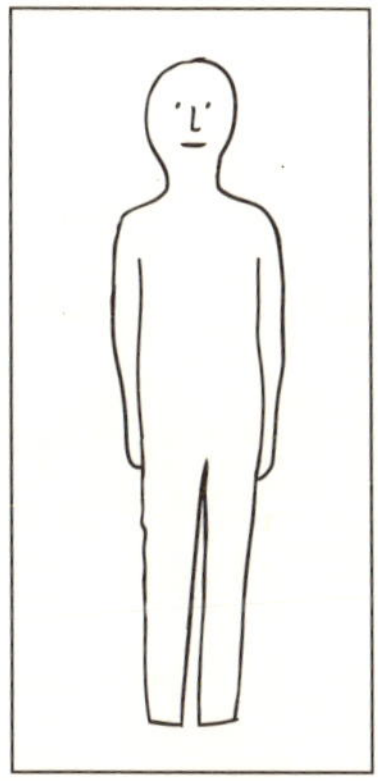

Notizen (Gedanken/Wahrnehmungen/Gefühle):

Sonstiges:

Meditationsnotizen

Datum: ____________ Uhrzeit: ______ Meditationsdauer: _________

Position: | im Liegen | im Sitzen | im Stehen

Ort: ____

Stimmung (Icon umkringeln) Beschreibung: Körperkarte:

Davor: ________________

Danach: ________________

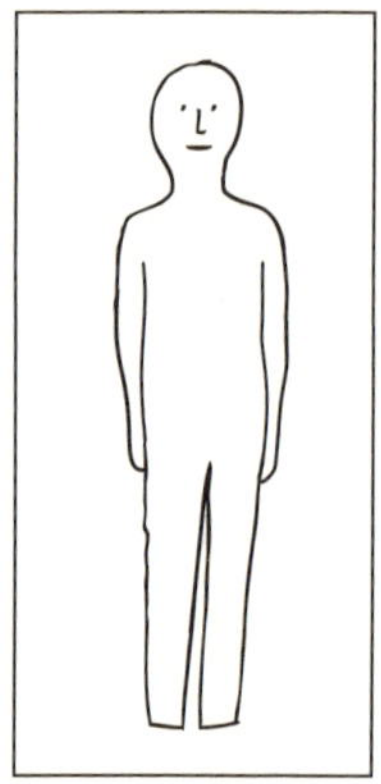

Notizen (Gedanken/Wahrnehmungen/Gefühle):

Sonstiges:

The Mindfulness Project

Die Autorinnen dieses Buches, Alexandra Frey und Autumn Totton, haben The Mindfulness Project begründet.

The Mindfulness Project ist eine Plattform für die Lehre und Verbreitung von Achtsamkeit über ein Zentrum in London und international durch verschiedene Online-Programme. Ein Team qualifizierter Lehrkräfte bietet achtwöchige Kurse an, in denen man die wichtigsten Fähigkeiten für ein achtsames Leben erlernen kann. Außerdem gibt es Lehrgänge für Fortgeschrittene und Schnupperkurse, Workshops und Seminare zu verschiedenen Achtsamkeitsthemen. Alexandra, Autumn und die anderen MitarbeiterInnen des Mindfulness Project haben am eigenen Leib erfahren, wie Achtsamkeitspraktiken das Leben verändern und bereichern können. Außerdem gibt es unzählige wissenschaftliche Beweise dafür. Das motiviert die MitarbeiterInnen dazu, ihr Wissen an andere Menschen weiterzugeben.

Mehr erfährst du unter www.londonmindful.com

Die englische Originalausgabe erschien 2015 unter dem Titel
»I am Here Now: A Creative Mindfulness Guide and Journal« bei
Ebury Press, einem Imprint von Ebury Publishing.
A Penguin Random House Company.

FSC
www.fsc.org
MIX
Papier aus verantwortungsvollen Quellen
FSC® C014496

Verlagsgruppe Random House FSC®-N001967

Lotos Verlag
Lotos ist ein Verlag der Verlagsgruppe Random House GmbH.

ISBN 978-3-7787-8259-0

Erste Auflage 2016

Umschlaggestaltung: Guter Punkt, München
unter Verwendung von Motiven von thinkstock
Satz: Satzwerk Huber, Germering
Druck und Bindung: GGP Media GmbH, Pößneck

www.ansata-integral-lotos.de
www.facebook.com/Integral.Lotos.Ansata